会計グローバリズムの崩壊

—国際会計基準が消える日—

田中　弘
Tanaka Hiroshi

税務経理協会

読者の皆様へのメッセージ

世界はナショナリズムへ

二〇一六年、イギリスは欧州連盟（ＥＵ）から離脱することを選択しました。イギリスはＥＵに残留することの経済的利益と主権国家としての国民利益を天秤《てんびん》にかけて、主権国家の利益を選択したのです。

同じ二〇一六年、ドナルド・ジョン・トランプがアメリカの大統領選挙を制し、第四五代アメリカ合衆国大統領に就任しました。トランプのいう「アメリカ・ファースト」は、各国が主権国家として自国民の利益を最優先する「自国第一主義」であり「自国ファースト」でもあるのです。

それまでイギリスもアメリカも、グローバリズムの最大の受益者でしたが、行き過ぎたグローバリズムへの反省からナショナリズムへと回帰しようとしているのです。

世界は、その先頭を走っていた英米がこぞってナショナリズム（自国第一、保護主義）に回帰するのを目《ま》の当たりにして、何が正しいのかではなく、何が自国の国益に沿うのかを見極めようとしています。

アベノミクスを掲げる日本も、押しも押されもせぬ「自国主義」「日本ファースト」の国なのです（日本の自国ファーストは、しばしば、「アメリカ・ファースト、日本・セカンド」に感じますが）。

少し考えると分かることですが、自国が不利になること・損失を被ることを優先する国がどこにあるでしょうか。どこの国も、政治家は、まず、自国民の安全と繁栄を最優先するはずです。「アメリカ・ファースト」も「日本第一」も、当然なのです。アメリカの前の大統領のオバマも、その前の大統領のブッシュも、その前の大統領のクリントンも、みな、「アメリカ・ファースト」だったのです。ただ、誰もそうは言わなかっただけです。

ＩＦＲＳはＥＵの会計基準

ＩＦＲＳは、国際基準といいながら、実質はＥＵの会計基準です。ＥＵが認めない基準は作れませんし、ＥＵの利益にならない基準を作れば、ＥＵ諸国がカーブアウト（不適用）します。いわば、「ＥＵファースト」です。

そのＩＦＲＳをリードしてきたのは、イギリスです。ＥＵには、会計先進国としてのイギリス、フランス、ドイツが加盟してきましたが、資本市場における資金調達のための会計基準を設定した経験があるのは、イギリスだけです。ＩＦＲＳは、資本市場で上場会社が資金調達のために開示する連結財務諸表を作成するための基準です。ＥＵではイギリスしか作れないのです。

ＢＲＥＸＩＴ《ブレグジット》（イギリスのＥＵ離脱）

そのイギリスがＥＵから離脱します。さて、その後のＩＦＲＳです。ＥＵ諸国は、

（１）イギリスがＥＵから離脱した後も、ＩＦＲＳの開発・改訂をイギリスに頼むのでしょう

か。

（2）そんな屈辱的なことは、ドイツもフランスも嫌うと思います。では、ドイツとフランスで基準作りを進めるでしょうか。この案は、可能性がありそうですが、ドイツとフランスという仲の悪い国が一緒に基準を作るとなれば時間がかかりますし、経済力の大きいドイツがリードすることは目に見えています。そうなると、ドイツのEU支配が強まることを嫌ってフランスが賛成しないと思います。

（3）イギリスがEUから正式に離脱したあと、イギリスはIFRSを使うでしょうか。きっと使わないと思います。イギリスは世界で最初に会計を誕生させた国ですから、もともと資本市場に向いた会計基準を持っています。離脱した後は、伝統のある自国の基準に戻るでしょう。

（4）イギリスがIFRSを使わないことに決めたら、コモンウェルス（イギリス連邦）の国々もIFRSを使う必要がなくなります。これで、IFRS採用国は一気に半減します。

そうなるとIFRSは、ヨーロッパで使うローカル基準になるかもしれません。さらに工業国のドイツと農業国のフランスの間で対立が深まれば、ドイツはドイツの、フランスはフランスの、もともとの伝統ある自国基準に戻るのではないでしょうか。

実は、この案を、ずいぶん前から、ドイツもフランスも望んできたのです。つまり、ドイツもフランスも「自国第一」であり、IFRSでは自国の経済や産業にとって不利だと考えてきたのです。

そうした事情から、IFRSは、間もなく、国際的基準としての地位を失い、ヨーロッパ諸国は、各国の会計基準に回帰するというシナリオが有力になってきています。

インフルエンザに罹《かか》った複式簿記

IFRSが誕生してから、わずか二〇年にもなりません。複式簿記の六〇〇年の歴史からみますと、IFRSは複式簿記とそれをベースにした会計が、ちょっと風邪を引いたようなものかもしれません。風邪が治ったら、元の会計、つまり、資産の評価には「原価主義」、収益の計上には「実現主義」という「原価・実現主義会計」に戻るのです。

世界は、会計が誕生して以来、何度も何度も、原価主義会計に挑戦し、そして失敗を繰り返してきました。原価主義に問題が生じると、原因が何かを問わず、「それ、時価会計だ」と突っ走ってきたのです。しかし、時価会計は万病に効く妙薬として喧伝されながら、いざ実践してみると「パンドラの箱」を開けたような大混乱を招いてきました。

ＩＦＲＳも、時価を使った資産・負債の測定や利益の計算を指向してきましたが、本書で指摘するように、ＩＦＲＳは、負債時価評価のパラドックス、資産除去債務の資産計上という水増し、売れない有価証券の時価評価、従業員を全員解雇することを想定した退職給付債務、説明不能な包括利益……これまでの伝統的な、健全な会計を破壊するもので満ち満ちています。

こんな不健全な会計では経営のかじ取りはできないでしょう。時価会計は「失敗の歴史」なのです。時価会計は失敗を繰り返していながら、悲しいことに、会計界は失敗から学ぼうとしないのです。

劣化する日本の会計

本書は、次のような構成になっています。

・「一歩遅れのＩＦＲＳ入門―今さら知らないとは言えない『ＩＦＲＳの世界』―」
・ＰＡＲＴ１「イギリスＥＵ離脱（ＢＲＥＸＩＴ）の衝撃」
・ＰＡＲＴ２「ＩＦＲＳの真相―そろそろ知っておくべき裏の姿―」

どこから読み始めていただいても構いません。今までＩＦＲＳについて学ぶ機会がなかったという方は、最初に「一歩遅れのＩＦＲＳ入門」をお読みいただくとよいのではないでしょうか。

ＩＦＲＳがこれからどうなるのか心配されている方も多いと思います。すでに、ＩＦＲＳを任意適用している会社の皆さんやこれからＩＦＲＳを採用しようとしている会社の皆さんには、ぜひとも、ＰＡＲＴ１をお読みいただきたいと思います。

わが国は、「国際化」という美名のもとに、ほとんど無批判にＩＦＲＳを取り込んできましたが、その結果、どれだけ日本の会計が劣化してしまったか、これまでの伝統的な会計、「原価・実現主義」をベースとした健全な会計が大きく蝕まれてしまったか、これについては、ＰＡＲＴ２で検討しています。

あなたの会社もＩＦＲＳのスポンサー？

ところで、本書を手にされた皆さん、皆さんの会社がＩＦＲＳのスポンサーになっていることをご存知ですか。ＩＦＲＳを適用している会社も適用する予定のない会社も、ＩＦＲＳに反対している会社も、知らないうちに（もちろん知っている人もいます）ＩＦＲＳのための資金を巻き上げられ、ロンドン（ＩＦＲＳ財団）に送られているのです。それも毎年のことです。

今のＩＡＳＢを資金面で支えているのは、国際会計事務所と、日本、イギリス、ドイツ、フランス……です。国としては、日本が最大の資金を寄付しているのです。ＩＦＲＳを全面的に使っている（つまり、ＩＦＲＳを受益している）国よりもはるかに巨額の資金を日本が出しているのです。日本では、ＩＦＲＳを使っている会社は、上場会社約三、六〇〇社のうち一六一社にすぎない（二〇一八年六月現在）のに、ＩＦＲＳを支えるほどの巨額のお金を、毎年、寄付しているのです。その割には、ＩＡＳＢは日本の言い分を聞き入れてくれません。

アメリカはほとんど金を出さなくなりました。ヨーロッパの会計基準にイギリスと日本が大金を寄付しなくなったら、ＩＡＳＢは活動資金が枯渇しそうです。そんな事情からか、このところ、のれんの会計処理（ＩＦＲＳは償却せずに減損処理、日本は二〇年以内の定期償却と減損処理の組み合わせ）などについて日本基準にすり寄るかのような姿勢も見せています。詳しいことは第11章に書きました。

謝辞

本書は、税務経理協会の『税経通信』誌に二〇一六年一〇月号から二〇一七年三月号に連載した原稿と、時事通信社の『金融財政ビジネス』誌の二〇一六年九月一五日号、二〇一七年三月二日号、二〇一八年二月八日号、同六月一一日号に掲載した原稿に加筆修正したものです。

本書も、税務経理協会の大坪嘉春会長と大坪克行社長にご無理を聞いていただきました。思えば、一九九九年に、『原点復帰の会計学』を出版して以来、『会計学の座標軸』（二〇〇一年）、『不思議の国の会計学―アメリカと日本』（二〇〇四年）、『複眼思考の会計学―国際会計基準は誰のものか―』（二〇一一年）、『国際会計基準の着地点―田中弘が語るＩＦＲＳの真相―』（二〇一二年）、『会計学はどこで道を間違えたのか』（二〇一三年）、『「書斎の会計学」は通用するか』（二〇一五年）、『ＧＤＰも純利益も悪徳で栄える―「賢者の会計学」と「愚者の会計学」』

（二〇一六年）の出版をお引き受けいただいてきました。感謝に堪えません。
また『税経通信』の連載と本書の出版では、税務経理協会編集部の大川晋一郎さんに大変お世話になりました。記して感謝申し上げます。

二〇一八年十二月

田中　弘

目次

PART 1　イギリスEU離脱（BREXIT）の衝撃

第2章　盟主を失ったIFRS　75

第3章　原則主義では会計はできない！　91

第4章　原則主義と資産負債アプローチの矛盾
―離脱規定と実質優先主義―　113

第5章　会計グローバリズムの終焉
―経済も会計もナショナリズムで動く―　131

第6章　国際標準は何のためにあるのか
――IFRSの採用国が半減する？―― 154

第7章　会計基準はストライクゾーンか　170

PART 2　IFRSの真相
―そろそろ知っておくべき裏の姿―

第13章 なぜ、全面時価会計に走るのか
—遺恨と怨念を時価会計で晴らす!— 252

プロローグ

1　手っ取り早く荒稼ぎする方法

投資家にしろファンドにしろ、今の時代、企業（事業）へ投資しても投資資金を回収するのに一〇年も二〇年もかかります。手っ取り早く新しい事業に参入しようとしてどこかの企業を買収しても、その会社の事業を継続して投資を回収しようとすれば一五年も二〇年もかかります。

そんなに長い期間はかけられない、と考える投資家もいます。投資した企業の事業を続ける気のない投資家もいます。せっかちな投資家は、一五年も二〇年も待ってくれません。

そこで、今の英米の投資家・ファンドは、「手っ取り早く投資を回収する方法」として、企業を買収したら資産を売却し、その金で負債を支払い、残りの金を財布に入れるといった荒っぽい手法を使うようになりました。

土地などの含み資産を持っている会社、キャッシュリッチな会社、金持ち会社なのに株価が低い会社、内部留保の大きい会社、知的財産を持つ会社、子会社が金持ち……こうしたねらい目の会社にM&Aをかけて買収し、あとは、資産と負債をバラバラに処分して、「企業解体の利益」を手にするのです。こちらの方法なら、投資を回収してさらに巨利を手にするのに、半年か一年もあれば十分です。

では、どうしたら、そうしたねらい目の会社を見つけることができるのでしょうか。実は、そうした投資?に必要なデータを財務諸表(特にバランス・シート)に表示させようとしているのが、国際会計基準(IFRS)です。

退職給付債務を時価(即時清算価値)で表示させるのは、買収後、社員を全員即時解雇するのに必要な金額を知りたいからです。資産除去債務といった、会計理論からは逆立ちしても説明がつかないものをバランス・シートに書かせようというのも同じです。これは、買収した企業の資産に将来発生する債務がついていれば(これが資産除去債務です)、それをバランス・シートに負債として記載させるものです。

バランス・シートは、その名のとおり、左右（貸借）がバランスしていなければなりません。債務（貸方）だけを増やすわけにはいかないことから、なんと、資産のほうも水増しして、無理やり貸借を合わせようというのです。詳しいことは、第9章で書きます。

資産を売却時価で計算し、負債を即時清算価値で計算するのは、どこかの企業を買収して、バラバラに切り売りした後に残る金額を知りたいからです。IFRSが想定している投資家は、買収した企業の事業を続ける気はありません。事業を続けて利益を稼ごうなどといった、まどろっこしいことは考えず、手っ取り早く、買収した企業の資産・負債を処分して「企業の解体利益」を手にしようとします。

その場合、邪魔なのは、買収した会社の従業員です。そうです、皆さんです。従業員は、バラバラにしてどこかに売る……という手は使えないので、全員解雇します。そのために、バランス・シートには、「社員を全員、即時に解雇するのに必要な金額」を「退職給付債務」として計算・表示させるのです。

IFRSを採用している会社の皆さん、あなたの会社の経営陣は、自社を売る気らしいですよ。

「わが社が高く売れた」などと喜んでいたら、大変です。次は、あなたが解雇されるのです。

2　IFRSは会計基準ではない

「これはもう会計ではない！」という声も聞かれます。

私も、「IFRSは会計基準ではない！」と思います。会計基準ではないとすると、いったい、IFRSは何なのでしょうか。IFRSは、世界の会計を、一部の投資家やファンドが好む「清算価値会計」という「企業解体工場」に運び込むための手段だと思います。

日本やアジア、ヨーロッパ大陸には「物づくり」を得意とする会社がたくさんあります。物づくりの会社は、土地・建物を多く持ち、内部留保も高く、知的財産にも恵まれています。会社の「清算価値」（こちらはIFRSによる財務諸表が教えてくれる）と「株価」（こちらは証券取引所の株価ボードに書いてあります）さえ分かれば、金の力に任せて買収するにはもってこいの会社がたくさんあります。

ＩＦＲＳは会計ではないのです。ＩＦＲＳはＭ＆Ａをかける企業（買収しようとする企業）の「即時清算価値」（いくらで買えるか）を計算・表示するものですから、「会計」というよりは「企業売買ゲーム情報」といったほうがよいかもしれません。

ＩＦＲＳは、企業売買に必要な情報を財務諸表に書かせようとしています。このことは、まともな経営者やＩＦＲＳを研究した会計学者の共通認識です。もちろん、監査法人やコンサル会社（主に証券系）に強く勧められて、ＩＦＲＳが何ものなのかを知らずに採用した会社もあれば、ＩＦＲＳの中身も勉強せずに「ＩＦＲＳ、賛成！」と手を挙げてしまった学者もいます。

実は、非常に残念なことに、わが国にはＩＦＲＳの中身をちゃんと理解している人がほとんどいません。一つの原因は、この二〇年間で、ＩＦＲＳ（昔は、ＩＡＳ）が大きく変質してしまっていることに気がついていないことです。

その話をします。

ところで、皆さんは「ＩＦＲＳ」をどのように読んで（発音して）いますか。このことについては、一四頁をご覧ください。

3　IFRSをリードするイギリス

国際会計基準という名称は、IFRSの前身であるIAS（International Accounting Standards）の日本語訳です。それが、IASの作成をリードしてきたイギリスが、イギリスの会計基準（FRS：Financial Reporting Standards. 日本語訳では財務報告基準）の名称に似せて、イギリスの名称（FRS）に国際のIをつけて、IFRSと変えたのです。

これは、国際会計基準は、イギリスがリードしていること、イギリスの会計が世界の最先端を行っていること、これからも国際会計基準はイギリスがリードすること、を宣言したようなものです。イギリス嫌いのドイツ、フランスにとっては屈辱的な話ではないでしょうか。

イギリスが国際会計基準をリードしたことから、イギリス連邦（コモンウェルス）諸国が参加し、IAS・IFRSは、採用国が大幅に拡大しました。他方で、なかなか採用にうんと言わない国（アメリカと日本）を抱き込むために、IFRSの中身が変質してきました。以下、IFR

Sの拡大と変質について書きます。

4　IFRS適用国の拡大

ＩＦＲＳの前身であるＩＡＳは、もともと各国の会計士の勉強会で国際基準を作ったらどんなものになるかを「試作」したものです。それが、ＥＵが結成されたときに、ＥＵの会計基準として採用され（拡大1）、イギリスがイギリス連邦諸国を勧誘したことから一気に採用国が増え（拡大2）、国際基準の様相を呈し始めてからは雪崩のごとく「採用している」と公言する国が増え、一二〇か国（今は一四四か国といいます）が採用するまでになりました（拡大3）。どこかの国が「採用している」といっても、その国に採用している企業があるかどうかは誰も調べたことがありません。

もしかしたら、「拡大」は、「反対する理由はないから、とりあえず賛成しておこう」という国が増えたのかもしれません。イギリス連邦（五〇か国ほど）は、母なる国・イギリスの言うことは、「反対する理由」がなければ素直に賛成します。使わなくてもいいのですから。

5 変質するIFRS――アメリカ色に染まる

他方の、会計の変質ですが、上の拡大を契機にIFRSの目的や内容が変わってきました。EUの基準として採用されたころは、IASにEU色をつけてアメリカ基準との差を強調していましたが（変質1）、その後、世界基準にするために、IOSCO（各国の証券監督官庁の集まり）に気に入られようとして時価会計の基準を導入し（変質2）、IASB（IFRSを設定する団体）が、未だに採用していないアメリカ（と日本）を採用国に取り込もうとして、今度は、IFRSからEU色を消して、アメリカ色に変える方針を採りました（変質3）。その結果、IFRSは、企業の経営成績や財政状態を報告する会計から「企業を売買するための資産負債の時価を報告する会計」「マネーゲームの会計」になりました（変質4）。

有価証券の時価評価も、負債の時価評価も、減損会計も、退職給付債務の時価計上も、資産除去債務の資産計上！、も、包括利益も、……どれもこれも、アメリカにIFRSを採用してもらいたくて、アメリカの会計を取り込んだものです。思い出してください。IFRSの前身であるIASは、アメリカのヨーロッパ支配に対抗するために、アメリカと違ったEU用の会計基準を作ろうとしたものでした。それが、いつの間にか、アメリカの言いなりになって、ＥＵ独自の基準というよりアメリカべったりの基準に変質してしまいました。

アメリカは、当初、ＩＡＳ・ＩＦＲＳを採用する国が大幅に増えるのを目にして、ＩＡＳＣ・ＩＡＳＢを支配する姿勢を示しました。そのために、ＩＦＲＳを設定するための資金を毎年寄付したり、委員を送り込んだりしてきましたが、ＩＦＲＳをアメリカ色に染めることに成功したとたん、これ以上は金をかける必要がないとばかり、資金を出さなくなってしまいました（詳細は第６章で紹介します）。何とも冷淡な、というか、さすがプラグマティズムの国です。

以上、「ＩＦＲＳの拡大と会計の変質」について書きました。実は、同じタイトルで、日本経済新聞の「やさしい経済学」というコラムに八回（二〇一八年九月二五日―二八日、一〇月一日―四日）にわたって連載しました。ここでは「拡大」も「変質」も、本書とは別の意味で書いています。機会がありましたら、「やさしい経済学」のコラムもお読みいただければ幸いです。

一歩遅れのＩＦＲＳ入門

―今さら知らないとは言えない『ＩＦＲＳの世界』―

1　学者も会計士もよく知らないＩＦＲＳの中身

アメリカはＩＦＲＳを禁止！

「国際会計基準」――声に出してみてください。何とも響きのいい言葉ではないでしょうか。「会計」という、とてつもなく古臭く、職人じみたイメージがつきまとう世界が、「国際」と「基準」がつくことによって、きわめて斬新かつ先進的なイメージをもつようになるから不思議です。

大きな書店に行きますと、「国際会計基準」、「ＩＦＲＳ」（注1）のコーナーがあり、一、〇〇〇頁を超える分厚い本が何冊も並んでいます。ほとんどの本は、国際会計基準を紹介・解説したものか、国際会計基準の光の部分を熱烈歓迎したものです。

ものごとには、何であれ、表（光の部分）と裏（影の部分）があります。でも、書店に並ぶ本はどれもこれも、国際会計基準を賛美するばかりで、国際会計基準の一面（光の面）しか紹介していないような気がするのです。

世界中の専門家がこぞって支持・賛成するのであれば、どこの国も、どの会社も、躊躇《ちゅうちょ》することなく国際会計基準を採用しているはずです。

それが、アメリカは、自国の企業が国際会計基準を採用することを、なんと「禁止！」しているのです。「国際会計基準はアメリカの企業が使うような、まともな基準ではない」と言っているのです。ただし、アメリカの資本市場に上場している外国の企業が国際会計基準に従った連結財務諸表を公表することは、認めています。アメリカにしてみれば、アジアやヨーロッパの二番手、三番手企業なら、厳格なアメリカ基準を適用するのは難しいだろうから、国際会計基準を使うのは仕方ない、といったところでしょうか。

（注1）国際会計基準とIFRS（International Financial Reporting Standards）は同じものですが、本書では文脈に応じて使い分けています。IFRSの前身であるIAS（International Accounting Standards）の一部は現在でも基準として使われているために、「国際会計基準（IFRS・IAS）」と表記している箇所もあります。

IFRSは、英語圏の人たちは、「アイ・エフ・アール・エス」と発音しますが、ほかの人たちは発音しにくいので、「イファース」とか「アイファース」と呼ぶことがあります。IASも、英語圏の人は「アイ・エー・エス」ですが、「イアス」とか「アイアス」と呼ぶこともあります。

消えた「強制適用」論

日本では、一時、すべての上場会社に国際会計基準を「強制適用」（英語でadoptionといいます）するという動きがありました。世界の動きに遅れまいとする政府、金融庁、それをヨイショした公認会計士協会、国際会計基準は「金になる」として先導しまわった東証、証券会社、監査法人、コンサル会社、自分の頭で考えることもできない会計学者（いえ、頭を使った学者もいましたが、きわめて少数です）、金融庁や会計士の言いなりになった経営者、熱狂的な賛成者がたくさんいました。でも、その割にはこのところ国際会計基準（ＩＦＲＳ）が話題になることはほとんどありません。

大人の「任意適用」論

日本の産業界は、結局、政府、金融庁、監査法人、東証、証券会社、コンサル会社などの「強制適用」という国を挙げてのプレッシャーに負けずに、「日本の会計を護る」という方針を貫きました。その結果、現在では、使いたい企業だけが採用（任意適用）するという中途半端な状況です。国際会計基準を「最高の基準だ」と考える企業は適用し、そう考えない企業は適用しなくてもいい、というのです。大人の判断と言えるでしょう。

日本では、国際会計基準を採用して財務諸表を作成・公表する企業は、上場会社約三、六〇〇社のうち、一六一社にすぎません（二〇一八年六月現在）。大多数の上場会社は、ＩＦＲＳが自社の会計基準として適切ではないと考えているのです。おそらく、金融庁や監査法人から「早く採用しないと時代に遅れる」とばかりに急かされて採用した会社の中には、「早まった」「もっとよく情勢を判断するんだった」と臍《ほぞ》をかんでいるところも多いと思います。

2　日本の会計基準のどこが悪いのか

ところで、この本を手にされた皆さんの中には、ＩＦＲＳについて熟知されている方も多いでしょうが、「ＩＦＲＳって、そもそも何なの？」「なぜ、国際会計基準が必要なの？」「どうしてアメリカは使わないのに日本は使おうとしているのか」「日本の会計基準じゃ何が悪いの」と不安な思いをされている方も、少なくないと思います。

決して恥ずかしいことではありません。実は、日本に会計学者が一、三〇〇人ほど、公認会計士が三万人ほどいますが、ＩＦＲＳが誕生した背景、ＩＦＲＳの狙い、ＩＦＲＳの本当の採用状況、ＩＦＲＳがなぜ時価主義を採用しているのか、なぜアメリカはＩＦＲＳを採用しないのか、そういったことを教えてくれる方はほとんどいません。

ＩＦＲＳは連結に適用するもの

ＩＦＲＳは、連結財務諸表に適用する基準です。個々の会社の単体（個別財務諸表）に適用することは想定していません。日本は、どこをどう間違えたのか、ＩＦＲＳを個別財務諸表（単体）に適用しようとしてきました。「どこをどう間違えたか」と書きましたが、原因・理由は二つあります。一つは、日本の会計界が個別財務諸表と連結財務諸表の違いを十分に認識していなかったことです。これから紹介しますように、二組の財務諸表は役割がまるで違うのです。もう一つは、連結だけではなく個別にもＩＦＲＳを適用すれば、監査法人の収入が増えるからです。金勘定が悪いとは言いませんが、監査法人の言いなりになった経営陣には、もう少し勉強してもらいたかったですね。

連結は「虚構の財務諸表」

連結財務諸表は決算書ではありません。あくまでも、自社グループの収益性や安全性をアピールして、自社に投資を促すための文書です。「こっちの水は甘いよ！」と投資家を誘う文書です。

個別財務諸表は、個々の企業の「投下資本とその回収計算」「回収余剰としての分配可能利益」を計算し、企業の所有者（資本の提供者、株式会社なら株主）に「報告」するためのものです。「報告書」ですから、報告をする義務（会社にあります）と報告を受ける権利（株主にあります）を果たすものです。

他方、連結財務諸表は、企業集団（企業グループ）が「仮に、一つの企業だと仮定して作成」した、いわば、「虚構の財務諸表」です。この連結財務諸表は、どこの会社のものでもありません。株主もいません。連結財務諸表にどれだけの利益が書かれていても、それを配当する株主もいなければ、その利益には誰も配当請求できないのです。

個別財務諸表（単体）は会社法に従って作成される決算書で、課税や配当のベースとなるものです。連結財務諸表は企業グループの、虚構の財務諸表であり、単なる企業集団の財務情報で、課税や配当とは関係ないのです。二つの財務諸表は、「投資の結果の報告」と「投資の勧誘」という、別々の目的、役割を持っているのです。

こんなことも、情けないことに、会計学者も公認会計士も、つい一〇年か一五年ほど前まで、知らなかったのです。もちろん、そうしたことをよく知っていた方もいますが、「ＩＦＲＳ反対者」というレッテルを貼られるのを嫌ってか、声を出した方はほとんどいませんでした。

そんなことから、日本では、非常に残念ながら、今までＩＦＲＳの本当の世界が語られることはほとんどなかったのです。

3　失語症に罹《かか》った日本の会計界

この本を手にされた皆さんには、ぜひとも、ＩＦＲＳの表の部分（光の面）とともに、その裏の部分（影の面）も知っていただきたいと思います。そのために、本題に入る前の予備知識として、「一歩遅れのＩＦＲＳ入門」を書きました。ＩＦＲＳの生い立ちや連結財務諸表の役割、Ｉ

FRSの清算価値会計などについて熟知されている諸賢は、どうか五七頁へ、ジャンプしてください。

今思えば、こうした本が書けたのも、私がイギリスに二度、都合二年間にわたって在外研究することができたからでした。最初は、一九八四年から八五年にかけての一年間、ちょうど、IFRSの前身であるIAS（International Accounting Standards）が登場し、イギリスがロンドン証券取引所に上場する会社に採用を認めた時期でした。

カーズバーグ教授とブロミチ教授

最初に留学したのは、ロンドン大学経済学研究科（LSE）で、そのときの受け入れ教授は、なんと、なんと、時価主義者のカーズバーグ（B. Carsberg）教授でした。教授との詳しい関係は、第13章でお話しします。

二度目は、一九九九年から二〇〇〇年（ミレニアム年）に、同じLSEに、客員教授（visiting professor）として招聘《しょうへい》していただきました。このときの受け入れ教授は、日本通で知られるブロミチ（M. Bromwich）教授でした。ブロミチ教授とは、京都で開催された国際会計教育研究学会でお会いしており、また、その時に京都大学（当時）の醍醐聡教授がブロミチ教授を招いた研究会でもお話を聞く機会がありました。そのころイギリスでは会計基準の法的拘束力をめぐる裁判があったことから、「企業会計原則の法的効力」を研究していた私は、いろいろ質問したことを覚えています。そうしたご縁をつてに、一九九九年に二度目のイギリス留学先としてロンドン大学ＬＳＥを選んだのです。

二〇〇〇年といえば、日本の会計が時価会計と国際会計基準によって大改革を迎えた時期です。外国にいて日本を眺めていますと、日本の異常な動き（ときには、動かないこと）がよく目につきます。本来なら、この変革を機に、産業界も会計界も巻き込んだ大きな議論が沸き起こってもおかしくないのです。しかし、不思議なことに、わが国の会計界では、この一〇〇年に一度あるかないかという大変革期に、失語症に罹《かか》ったかのごとく口を閉ざしていました。今もそれは変わりません。

前置きが長くなってしまいましたが、以下、「国際会計基準（ＩＡＳ、ＩＦＲＳ）」の成り立ち、国際会計基準の表の目的と裏の目的、国際会計基準がなぜＥＵと深く結びついているのか、国際会計基準は、他の国々ではなぜ連結財務諸表（だけ）に適用されるのか（なぜ、個別財務諸表には適用しないのか）、といった話を書くことにしたいと思います。

どれもこれも、実は、二〇〇〇年あたり、つまり一八年ほど前に理解しておくべきことであったのです。残念ながら、日本の会計学者も公認会計士も、ほとんど知らない話で、その結果、日本の会計界は世界の動きを知らずに、熱烈支持派（舶来崇拝派といった声もあります）と無関心派（不勉強派という声もあります）という二つに分かれて、互いに意見や情報を交換することもなく、かといって対立することもなく、「疑似平和」のぬるま湯につかりきってきたのです。

4 会計の原点は「お使い」

主要な経済先進国には、それぞれの国の経済環境や法律・歴史・国民の経済感覚などに合った独自の会計基準があります。アメリカにはアメリカ独自の会計基準（US－GAAP）（注2）があり、フランスにはフランス会計基準、ドイツにはドイツ会計基準が発達しました。

（注2）US－GAAPは、アメリカのGenerally Accepted Accounting Principles（一般に認められた会計原則）のことで、ユーエス・ギャップと発音します（イギリスの会計基準なら、UK－GAAP）。なお、US－GAAPは、文章化されたルール（たとえば、FASBの財務会計基準やSECの会計連続通牒）だけではなく、主要な学説や支配的な会計慣行なども包括するものです。ここにもコモン・ローの思考が生かされています。

日本にも、日本の経済環境や国民の経済感覚に合った会計基準がありました（過去形で書いたのは、ここ数年の間に日本の会計がIFRSやアメリカの会計基準を「意欲的に」（実態は「無批判に」）取り込んだために、国籍不明の会計基準になってしまったからです）。

そうした中、世界中の国々で使う会計基準を一つに統一して国際的な会計基準にしようとする動きが活発になってきました。各国に独自の会計基準がありながら、なぜ、世界の会計基準を一つにするのでしょうか。この疑問に答える前に、なぜ、各国で会計規制と会計基準が必要なのかを書くことにします。

株主への報告

規模の大きい会社の経営者は、多数の、経営に直接関与しない投資家（株主、債権者など。経営に直接関与しないことから「不在投資家」とか「不在株主」と呼ばれます）から資金を集め、それを元手として事業を行っています。経営者は、投資家から預託された資金を、どのように活用し、それからどれだけの成果を上げ、また、預託された資金が現在どのような形で会社に残っているかを、資金提供者である投資家に継続的に報告するのです。これを「会計報告」といいます。そこで報告書として作成されるのが、「財務諸表」です。

難しい話ではありません。子供のころに母親に頼まれて買い物をしたことがあると思います。買い物をした後母親に「トウフがいくらでダイコンがいくらで、だからお釣りはいくらだった」と買い物の一部始終を報告したと思います。これが「会計の原点」で、他人のお金を預かって、何にいくら使って、現在いくら残っているかを説明することです。

「報告の会計」と「投資勧誘の会計」

実は、財務諸表にはもう一つ役割があります。それは、会社が必要とする資金を集めるために、一般の投資家の皆さんに「わが社に投資しませんか」「わが社の株を買いませんか」と勧誘する役割です。この目的で作成されるのは、同じ「財務諸表」という名前がついていますが、会社の所有者である株主に事業の結果を報告するための財務諸表とは違うルール（金融商品取引法）に従って作成され、一般に公開されます（これをディスクロージャーといいます）。連結財務諸表はこの目的で作成されるものです。

資金を預けた投資家（株主）にとって、利益の計算や期末財産の計算は一番重要な話です。その一番重要な計算を、普段の付き合いもない、あるいは遠く離れたところにいる経営者にまかせっきりにするわけにはいかないので、経営者と投資家（株主）との間で計算や報告のルールを決めておく必要があります。そのルールは現在の投資家が納得するだけではなく、将来その会社に投資する人たちも納得するものでなければならないでしょう。

会社法と金融商品取引法

そうした事情から多くの国では、企業の決算や会計報告に関する規制（ルール）を法律に書いているのです。わが国でいえば、代表例が会社法と金融商品取引法です。会社法に従って作成する財務諸表（会社法では「計算書類」と呼んでいます）は株主総会において株主に報告されます。金融商品取引法に従って作成される財務諸表は「有価証券報告書」（「有報」と略称される）に収録されて一般に公開されます（注3）。

（注3）　株式会社は、年に一度決算を行い、一年間の経営成績と年度末の財政状態を、損益計算書と貸借対照表という計算書類にまとめ、これを定時株主総会に提出し、承認を受けなければなりません。これらは、株主向けの報告書で、俗に、「決算書」と呼ばれています（正式名称は、「計算書類」です）。おおざっぱに言いますと、ここで承認された「当期純利益」に課税され、残りの利益が株主に配当されます。配当されない部分は、「内部留保」といって企業内に蓄積されます。

上場会社の場合は、会社法の規定に加えて、金融商品取引法（旧「証券取引法」）の規定により、一般投資家向けに連結と単体の損益計算書、貸借対照表等が作成され、「有価証券報告書」として、証券取引所や金融庁の電子開示・提出システムを通して公開されています。ウェブで「ＥＤＩＮＥＴ」と入力すれば検索できます。こちらは、企業情報の公開を目的としたもので、決算書ではありません。

5　コモン・ロー世界の会計基準

わが国だけではなく英米などのコモン・ロー諸国では、こうした法律にはあまり詳細な会計規制は書かれないのが通例です。法律には規制の骨子なり趣旨を書くにとどめ、実際に企業の決算や会計報告をする場合には、「会計基準」と呼ばれるルールを定めるのです。

なぜ詳細なルールを法律に書かないのでしょうか。一般に言われていることは、法に書くと規制が硬直化して経済界や商慣習の変化に対して迅速な対応が難しいということと、あまり細かなことまで法に盛り込むと法が膨大なものになるので法をスリムにするためだといいます。

そこでは法に書かれるルールも会計基準に書かれるルールも、同じ役割を果たすことが期待されているのです。わが国の会計基準の代表ともいうべき「企業会計原則」には、その冒頭に「企業会計原則は、……必ずしも法令によって強制されないでも、すべての企業がその会計を処理するに当って従わなければならない基準である」と書いてあります。会計基準（昔は会計原則と呼んでいました）は、法律と同じように守らなければならないルールと考えられているのです。

会計基準は法令ではありません。しかし、企業が会計処理・報告するに当たってはこれに従わなければならないというのです。大陸法の法思考に慣れ親しんだ日本人には違和感のある話かもしれません。

6　パブリック・セクターかプライベート・セクターか

数年前まで、日本の会計基準は、金融庁（それ以前は、大蔵省）の所管である「企業会計審議会」が決めてきました。企業会計審議会は、制度上、金融庁長官（大蔵大臣）の諮問を受けて、それに対する答申として報告書を作成する機関でした。企業会計原則をはじめとする一連の会計原則がそれです。答申書ですから一般的には誰かを拘束するとか何かを規制するものではないのですが、答申書の内容は財務諸表等規則という法令に反映され、わが国の上場会社に適用されてきたのです。

ＡＳＢＪの誕生

ところが、わが国の会計基準を設定する主体（スタンダード・セッター）が、企業会計審議会という公的な機関（パブリック・セクター）から、民間（プライベート・セクター）の企業会計基準委員会（ＡＳＢＪ）に変わるのです。二〇〇一年のことでした。

わが国のＡＳＢＪは、国際的な会計基準を設定する機関である国際会計基準審議会（ＩＡＳ

B）が各国の市場規制当局を代表しない国際的な民間組織であることから、それに倣《なら》って会計基準の設定主体を民間へ移すために誕生したといいます。

アングロ・サクソン諸国（英語圏）では会計基準を決めるのは民間の独立機関なのに、日本はそうした民間の独立機関がなく、基準を官が設定しているのは制度上の不備だというのです。つまり、アングロ・サクソンは常に正しく、それと異なる制度はすべて「不備」だということでしょう。

プライベート・セクター論の根拠

なぜ、プライベート・セクター（民）が基準を決めるのでしょうか。なぜパブリック・セクター（官）ではいけないのでしょうか。関岡英之氏が『拒否できない日本―アメリカの日本改造が進んでいる』（文春新書、二〇〇四年）の中で、「しかし民間の基準しかなく、公的な基準が存在しないアングロ・サクソン諸国の制度の方こそ、むしろ『不備』なのではないか」と言っています。そのとおりであると思います。

ところで民間で決めたルールに公的な強制力を与えるには、当然ながら公的なオーソライゼーション（拘束力を付与すること）の仕組みが必要になります。ASBJの定める基準は、一件ごとに金融庁が承認し、企業への適用を強制することになっています。行政（金融庁）が一種の拒否権を留保しながら基準開発をプライベート・セクターに任せるというものです。何のことはありません、形の上では民間（ＡＳＢＪ）に基準設定を委任しておきながら、気に入らない基準を作ったら拒否するというのです。

アングロ・サクソン諸国も、決して民（プライベート・セクター）に会計基準の設定を丸投げしているわけではありません。官が基準を設定せず民に任せるには、それ相当の計算があるからです。

7「会計は政治」――欧米の常識

責任回避のプライベート・セクター論

なぜ、各国政府は、会計基準を自ら設定せずに民間団体（プライベート・セクター）に任せるのでしょうか。一つは、自ら設定するとお金がかかるが、民間団体に任せるとかからないからです。また、政府機関が設定すると、万が一、基準に不備があったり、基準を適用した結果として大きな事件が起きたりすれば、政府機関の責任が問われるでしょう。

たとえば、リーマン・ショックを引き金にした世界的金融危機の原因は、一つには時価会計の基準と公正価値評価にありました。時価会計の基準を設定したのは民間団体のアメリカ財務会計基準審議会（FASB）でしたから、同国の会計基準を設定する法的権限を持っている証券取引委員会（SEC）よりもFASBに批判が集中しています。SECとしては、基準の設定を民間団体に任せることによって、こうした事態のときに各界からの批判をかわすことができるのです。

アメリカやイギリスの基準設定主体が、公的機関（アメリカはSEC、イギリスは経済貿易産業省（DTI））の意向を汲んだ基準を設定するのは、基準設定主体にとって公的機関が「お上」であるからだけではありません。英米の基準設定主体は、会計基準が国策・国益に資することができたり国益・国策に反するものになったりすることがあることを認識しているからです。

IFRSの法的拘束力

IFRSには、誰が、どういう方式で強制力（法的拘束力）を付与するのでしょうか。会計基準は、多くの国では立法機関によって制定される法ではなく、産業界・監査人団体・資本市場・監督官庁等の関係者による約束事とか自主規制という性格があることは広く認識されています。自主規制のルールは、紳士協定みたいなものですから、それだけでは企業に順守を求める力は弱いでしょう。仮に、自主規制ルールを犯す企業が現れても、強いペナルティを課すことは難しいのです。そこで、多くの先進国では、会計基準にある種の法的拘束力を付与して、違反した場合の法的なペナルティを定めています。

問題は、国際会計基準です。世界政府とか、世界議会とか、世界市民の総意を問う選挙も政治体制もないときに、世界中の大企業が行うディスクロージャー（開示）の内容を決める会計基準を、誰が決め、誰がそれに法的強制力を付与するのでしょうか。

ＩＡＳＢという国際的民間機関が設定する会計基準であっても、どこかの国際的公的機関が認知するということにはなっていないし、採用する各国の公的機関が自動的にオーソライズするような仕組みにもなっていません。したがって、現在ＩＦＲＳを採用している各国は、様々な方式でＩＦＲＳに法的な根拠を与えているのです。

8　ＥＵバージョンのＩＦＲＳ

欧州連合（ＥＵ）の場合、二〇〇二年に「ＩＡＳ適用命令」（ＥＵ議会とＥＵ理事会の命令）が出され、ＩＦＲＳが「欧州の共通の利害に合致すること」等の条件を満たす場合に、最終的に欧州議会の承認を経て、欧州委員会命令として法的な効力が付与されています。ＥＵ企業が法的に順守を求められるのは、純粋なＩＦＲＳではなく、ＥＵの受容条件を満たし、ＥＵのエンドースメントの手続きを経て承認された「ＥＵ版のＩＦＲＳ（ＥＵ－ＩＦＲＳ）」です。同じように、オーストラリアの企業が順守すべきは、オーストラリア議会が承認したＩＦＲＳです。

では、日本はどうするのでしょうか。日本は今、現在の国際会計基準とのコンバージェンスを進めている最中です。万が一、上場会社全部に強制適用するとなれば、ロンドン（ここにＩＡＳＢの本拠がある）が決める会計基準を日本企業に強制的に適用させることになります。しかも、会計基準は不断に「進化」「変化」するものであるし、新しい経済事象や経済問題が発生すれば新しいルールが作られます。そうしたとき、ＩＡＳＢが日本企業や日本経済にとって極めて不利な、不合理な基準を設定したとすれば、日本はそれを甘受するのでしょうか。

9　会計基準が国を護る

会計基準は、その国の国益や産業振興に資するかどうかで内容が変わります。特に英米では、「会計は政治」という認識から、国益を守る会計基準、自国の産業振興に資する会計基準を定める傾向があります。

会計基準には、そうした国益や産業振興に資する力があるということは、国際会計基準にもどこかの国の国益や産業振興に役立ったり、逆に、どこかの国の国益や産業振興を妨げる力もあるということです。自国の国益や産業振興に資すること、ときには、他国の国益や産業振興の邪魔をすること、これが会計基準のもう一つの役割なのです。

アメリカのブッシュ元大統領が議会で自国の会計基準を問題にして演説するのも、フランスのシラク元大統領やサルコジ元大統領が特定の国際会計基準を問題視するのも、会計基準のあり方によって自国（自分）が有利になるように、不利にならないように画策しているのです。

ＪＭＩＳの失敗

日本のスタンダード・セッターも、あちこちからプレッシャーを受けて、日本企業が不利にならないように画策してきたことは認めます。しかし、その努力の方向がまるで「国際音痴」であったことは否めません。その代表が、ＪＭＩＳです。ＪＭＩＳは、「日本版国際会計基準」を目指して設定されたものですが、「世界中の笑いもの」になってしまいました。ＪＭＩＳの詳しいことは、第12章で述べます。

10　なぜ日本だけＩＦＲＳを個別財務諸表にまで適用しようとするのか

ＩＦＲＳは連結のための会計基準

二〇〇九（平成二一）年六月に金融庁企業会計審議会から公表された「我が国における国際会計基準の取扱いについて」と題する中間報告では、ＩＦＲＳを個別財務諸表と連結財務諸表の両方に適用するための準備を整えるのは時間がかかるので、ＩＦＲＳを連結に適用するための準備を先に進め、その後、個別財務諸表にも適用するという「連結先行」論が打ち出されました。

ところが、ＩＦＲＳは連結財務諸表の作成に使うことを想定して設定されていて、個別財務諸表に適用することは想定していないのです。

世界に先駆けてＩＦＲＳの強制適用を始めたＥＵもＩＦＲＳは連結にしか適用していません。もともと多くの先進国では、財務諸表といえば「連結財務諸表」を指し、一般に公開している財務諸表も連結財務諸表だけというのが普通です。個々の企業（親会社を含めて）が作成する財務諸表は、その国の会社法や会計基準を適用して作成され株主総会に提出されますが、一般に公開されることはないのです。

そう言えば、日本企業の英文アニュアル・レポートでも、連結財務諸表しか掲載していません。それは、諸外国の会計実務において個別財務諸表が公開されないからです。

連結が対象とする会社は存在しない

国際的には連結財務諸表の導入は資本を同じにする企業集団（ＧＭグループとか、ＵＳスチールグループのように親子会社として経営されている企業の集まり）の実態を開示することが目的でした。親会社・子会社・孫会社（子会社の、さらに子会社）が一体となって事業を営んでいるのであれば、親会社だけの財務諸表を見ても本当の業績が分からないから、グループ全体の業績を見るために「企業集団としての財務諸表」として連結財務諸表が作成されるようになったのです。

親会社も子会社も、法律上は独立した会社です。ですから法律上、親会社は自分の財務諸表（個別財務諸表とか単体といいます）を作成しますし、子会社も孫会社も（法律上は親会社から独立した会社として）財務諸表を作成します。これらの財務諸表に記載される当期純利益は、通常、株主に配当することができる「配当可能利益」であり、経営者報酬の財源としたり内部留保することができる「処分可能利益」です。個々の会社が作成する個別財務諸表に記載される当期純利益は、課税の対象となったり株主配当に回したりしますから、「切れば血が出る」ような、さらに会社が解散することになったら企業の財産の最後の一円が誰のものかを決める根拠となるくらいに厳格なものです。

ところが「連結財務諸表」は「切っても血が出ない」のです。なぜなら連結財務諸表は「どこかの会社の財務諸表」ではないからです。連結は、法律的には独立した存在である親会社・子会社・孫会社を、一つの会社と仮定して、「もしもこれらの企業グループが一つの会社であったら」という仮定のもとに作成したものであり、いわば「虚構の財務諸表」なのです。

企業集団の株は売ってない

連結財務諸表の主体となる「会社」は存在しません。そうした会社は存在しないのですから、連結財務諸表の主体となる会社の株は売っていません。連結財務諸表を見て「これはすごくいい会社だから株を買おう」といっても、企業集団の株はないのです。株を買いたければ、上場している親会社の株を買うのです。

世界中の多くの国で「財務諸表」というときはこの「連結財務諸表」を指すのです。いちばん分かりやすい話は英文のアニュアル・レポート（英文の年次財務報告書）です。多くの会社が英文の財務報告書を出していますが、そこには連結財務諸表しか記載されていません。日本の会社のアニュアル・レポートにも個別財務諸表は掲載されていません。それは、世界の常識・慣行に合わせているからです。

11　国際会計基準の歴史―なぜ、世界中の会計基準を統一するのか

投資家のための会計

会計の世界が大きく変わり始めたのは二〇〇〇年ころからです。それまで会計制度・会計基準といえば、各国がその国独自の経済状況や企業環境、法律、証券市場の状況、税制などを反映し

て、独自の会計制度を作り、独自の会計基準を設定してきました。

会計先進国といわれるアメリカ・イギリス・日本では、直接金融を前提とした「投資家のための会計」「資金調達と資金運用結果を報告するための会計」が行われ、ドイツやフランスでは、経営者のための会計や国家のための会計（広い意味での「管理のための会計」）が行われてきました。

ところが大規模企業の活動やその血液ともいうべき資金は、国という枠を超えて、世界を一つの市場経済・資本市場として活発に動くようになり、会計もこれまでのような国ごとに違う制度・基準では新しい動向に対応できないと考えられてきたのです。

投資家は、これまでは主として自国の企業に投資（株や社債を購入）してきましたが、世界を見渡せば、他の国や地域には、より投資効率がよいと考えられる企業や自分のポートフォリオに合う企業がありそうです。そうなれば、投資家は自国の企業にこだわらず、他国の企業などに投資する機会をもちたいと考えるでしょう。

比較障害

そうした投資家にとって大きな障害は、投資したいと考える企業が、それぞれその国の会計基準に従って財務諸表を作成しているために、簡単には比較できないということです。ある国の法律や会計基準に従って作成した財務諸表が、別の国の法律や会計基準に従って作成した財務諸表と大きく異なるとすれば、投資家は多大な努力なしには正しく比較することができないというのです。

たとえば、Aという国の会計基準では企業がその年に支出した研究開発費を資産に計上することが認められ（多くの企業も資産計上している）、Bという国の会計基準では研究開発費はすべてその年の費用とすることになっているとします。あるいは、Cという国の会計基準では買い入れのれんを毎期規則的に償却することとしているのに対して、Dという国の会計基準ではのれんを償却しない（のれんに減損が生じない限り減額しない）、さらにEという国の会計基準ではのれんは即時に償却（資産計上を認めない）ということになっているとしましょう。

こうした場合に、投資家が、A国の企業が作成する財務諸表とB国の企業が作成する財務諸表を単純に比較すると、誤解してしまう恐れがあります。C国の企業とD国の企業の比較でも同じです。

違う会計基準を適用して作成した財務諸表を単純に比較すると、研究開発費を資産に計上（その年の資産が増えて、費用が少なくなるために、利益は増える）する企業と、研究開発費を即時に費用化する企業（費用が大きくなり利益は小さくなる）を比べることになり、投資家は誤解してしまうでしょう。

会計基準が違うために生じるこうした問題を比較障害といいます。そのまま単純に比較すると誤解を招く恐れがあることをいいます。

のれんの償却・非償却という会計基準の違いも比較障害になります。最近の企業買収は大型のものが多く、そこで計上される「買い入れのれん」も巨額になっています。そののれんの額を資産に計上して償却しない企業と、計上することを認めて規則的に償却することにしている企業と、まったく資産に計上せずにその期の費用とする企業では、バランス・シートに与える影響も損益に与える影響も大きく異なることになるでしょう。

会計基準を国際的に統一しようという考えは、こうした国による会計基準の違いをなくして、どこの国の企業同士でも、財務諸表を「容易に」比較できるようにしようとするものだといわれています。

12 コンバージェンスからアドプションへ

世界の会計基準を統一して、各国で作成する財務諸表を比較可能なものにしようという発想から、最初は「世界標準としての会計基準」が提案されました。「国際会計基準（International Accounting Standards：IAS）」という名称でしたが、この段階ではいまだ理念的で、世界の経済界や会計界では、どちらかといえば「エスペラント語」といった扱いでした。

その後、各国の会計基準を調和化しようとして「会計基準のハーモナイゼーション（調和化）」が模索され、さらにそれを一層推し進めるための企画として国際的会計基準と各国基準のデコボコを均すための「コンバージェンス（収斂《しゅうれん》）」が推進されてきました。

現在は、欧州を中心にして（特に、ＥＵ各国が使う共通の会計基準として）開発されてきた「国際会計基準（International Financial Reporting Standards：IFRS）」と各国の会計基準とのコンバージェンス（大きな違いを均すこと）から、各国がＩＦＲＳを自国の基準として採用する「アドプション（自国の企業への強制適用）」の段階に入ってきたといえます（注４）。

（注４）ＩＦＲＳは、International Financial Reporting Standardsで、正しく日本語表記しますと「国際財務報告基準」ですが、これまでどおり「国際会計基準」と呼ばれることが多いようです。なお、ＩＦＲＳには、ＩＡＳＣが設定した会計基準（ＩＡＳ）のうち現在も有効な基準も含まれています。そのため、「ＩＦＲＳ」と表示したり、「ＩＦＲＳ・ＩＡＳ」と表示したりしますが、意味するところは同じです。

ＥＵが域内（ＥＵを構成する二七か国（当時））の企業（上場企業）が作成する連結財務諸表に適用する会計基準としてＩＦＲＳを採用したのは、表向きは「ＥＵ市場で使う統一的会計基準」ということでありましたが、実利の面では、ソビエト連邦が崩壊した後のアメリカによる欧州侵略に対抗する手段として、欧州の経済的、政治的利益を護るための独自の基準を作ろうとするものでありました。

現在、世界の一二〇を超える国・地域がＩＦＲＳを何らかの形で自国企業に適用しているといわれています。適用の内容は国により異なり、オーストラリア・香港などのようにＩＦＲＳに書いてあるそのままに適用していると公言している国もあれば、ＥＵ諸国のように、ＩＦＲＳの一部を除外して（これを「カーブアウト」という）強制適用している国・地区もあります。

13 国際会計基準の目的

少し歴史を振り返ってみましょう。国際会計基準（ＩＦＲＳ）を設定しているのは国際会計基準審議会（ＩＡＳＢ）です。ＩＡＳＢの前身である国際会計基準委員会（International Accounting Standards Committee : IASC）は、会計基準の国際的ハーモナイゼーション（調和）を目的として一九七三年に発足しました。

当時の国際会計基準（ＩＡＳ）は、すでに紹介しましたように「理念・理想は高くても実務的ではない」「エスペラント語だ」として実務界からはほとんど見向きもされませんでした。

転機が訪れたのが一九八八年です。証券監督当局の国際機構である証券監督者国際機構

(International Organization of Securities Commissions：IOSOC）が「一定の会計基準が完成すれば、国際的に資金調達する企業の財務諸表作成基準としてＩＡＳを認知する」と意思表明したのです。これが実現すれば「エスペラント語」扱いを受けてきた国際会計基準が「実用基準」になるのです。

使わない約束だった時価会計基準

「一定の基準（コア・スタンダード）」で問題になったのが「時価会計基準」でした。時価会計の基準はアメリカ以外にはなく、各国の環境や考え方が異なり、一向にまとまりませんでした。そこで各国の合意が得られないまま、ＩＡＳＣの事務総長であったカーズバーグが起草委員会のメンバーを総入れ替えしたり、一時議論凍結などを繰り返したあげく、「どこの国も使わないという暗黙の了解」のもとにアメリカの時価基準をコピーすることを提案し、何とか形だけはコア・スタンダードを完成させたのです（注５）。

（注５）アメリカの時価会計基準（ＦＡＳ一一五号）も、実は、リスク管理が十分にできない中小の金融機関が株などのリスク資産に投資するのを抑制するために設定されたものです。「株に投資したら時価評価させるぞ」という脅しの基準だったのです。詳しくは、拙著『不思議の国の会計学―アメリカと日本』税務経理協会、二〇〇四年を参照。

二〇〇〇年五月、ＩＯＳＣＯはＩＡＳを「外国会社が国際的に資金調達する場合に使用する財務諸表作成基準」として承認しました。一応の完成をみた国際会計基準（ＩＡＳ）はこうして「エスペラント語」扱いから実用段階に入ったのです。

それまで、ヨーロッパを中心に会計基準の統一を図ってきた国際会計基準委員会（ＩＡＳＣ）も組織変更して国際会計基準審議会（ＩＡＳＢ）となり、設定する基準の名称も「国際会計基準（ＩＡＳ）」からイギリスの会計基準の名称「財務報告基準（ＦＲＳ）」に「国際」をつけて「国際財務報告基準（ＩＦＲＳ）」と変更しました。ＩＡＳＢは、ヨーロッパの統一基準だけではなく、より広く世界的な会計基準を設定するために、各国の基準との間にある大きな差異を解消する（「コンバージェンス」といいます）ことを目的として積極的に活動を始めたのです。

14 国際会計基準の特質

国際会計基準（ＩＦＲＳ）には、次のようないくつかの特質があります。多くは、これまで世界が共有してきた会計観（収益費用アプローチと原価・実現主義をベースとした会計）から大きくかけ離れているものです。

(1)「清算価値会計」を志向していること
(2)実現主義を否定して「発生主義的な会計処理」を求めていること
(3)資産・負債を時価(公正価値－「経営者が合理的と考える価値」や「自社のデータによる見積額」でもよい)で評価し、評価差益を利益として報告すること
(4)収益力情報よりも「処分価値情報」を重視していること
(5)「投下資本の回収計算」とか「処分可能利益の計算」「キャッシュ・フローの裏付けのある利益」といった実現概念に立脚した思考はないこと
(6)細かな規定を設けない「原則主義」に立脚すること
(7)法の形式よりも経済的実質を重視する「実質優先主義」を採用し、それを実行するために「離脱規定」を置いていること
(8)連結財務諸表にだけ適用することを予定した基準であること(個別財務諸表への適用を想定していない)
(9)M&Aを仕掛けようとする企業やファンドを「投資家」とみて、彼らが欲しがる情報を「会計情報」として提供しようとしていること

以下では、上に紹介したＩＦＲＳの特質を、もう少し詳しく紹介したいと思います。ＩＦＲＳが抱える「破壊的」「暴力的」とも言える特質をちゃんと理解するには、ほんの少しだけ教科書

的な話を聞いていただかなければなりません。

会計の専売特許

現代の経済社会において「会計」にしかできないことがあります。それは「企業のトータルな利益を期間的に区切って計算すること」です。中世に発明された複式簿記が世界中で使われるようになったのは、複雑になった企業活動の成果をシステマティックに計算する技術であったからでした。未だに、複式簿記を超える技術は発明されていません。

企業の利益を断片的に計算する方法はいろいろあります。たとえば、固定資産（土地や建物）を売買して得た利益を計算するとか、お金を貸して受け取る利息を計算することなどは、それほど難しいことではありません。複式簿記などという面倒なシステムを使わなくても計算できます。

しかし、現代の大規模企業のように、世界中に工場やら多数の機械を持ち、世界中から集めた大量の原材料を使って一年中休みなく複雑な製品を生産している場合には、利益を断片的に計算して合計しても企業活動全体の利益を計算したことにはならないのです。

特に、製造業では、何年も何十年にもわたって永続的に事業が営まれるために、利益を断片的に計算することさえ不可能です。そこで、企業全体の利益を、期間を区切って計算する統合的な計算システムが必要になるのです。そのシステムとして考案されたのが複式簿記をベースとした会計です。現在のところ、「企業のトータルな利益を期間的に区切って計算する」という仕事は、会計以外にうまくできる仕組みはありません。「企業利益の計算は会計の専売特許」といえると思います。

財産計算機能

ところが最近は、会計の仕事として、「利益の計算」に加えて、あるいは、利益の計算以上に、「財産を計算する機能」や「投資の意思決定に必要な情報を提供する機能」を重視する傾向が強くなってきました。特にアメリカにおいてそうした傾向が顕著です。アメリカで財産計算や投資情報が重視されるようになった背景には、Ｍ＆Ａ（企業の買収や合併）の流行や四半期報告があるようです。

かつては他企業の買収（取得）といえば、自社にない製品や製法を持っているとか大きな市場を持っている企業をターゲットにしました。それが今では、バランス・シートに表れない資産、たとえば有力なブランド、大きな含みのある土地などを保有する企業を買収して、買収後に資産を切り売りして企業解体の利益を稼ぐような荒っぽい商法にとってかわっているのです。

一部の投資家は、そうした荒っぽいビジネスをするために必要な会計データを欲しがっており、国際会計基準はそうした情報ニーズに応えようとして企業が持っている財産（資産と負債）の現在価値（即時処分価値、即時清算価値）を計算・表示しようとするようになってきました。

三か月ごとのグッド・ニュース

国際会計基準が、企業の所有する資産・負債の現在価値を重視するのは、右で述べたような一部の投資家の情報ニーズだけではありません。

アメリカでは三か月ごとに経営成果を計算・報告してきました。「四半期報告」です（日本でも最近、上場会社には三か月ごとの四半期報告が求められるようになりました）。

アメリカでは四半期情報に株価が敏感に反応します。前の四半期（たとえば一月から三月まで）の利益よりも当期（四月から三か月）が良ければ株価は上昇しますし、前年同期（たとえば、一月－三月期）よりも当年度同期（一月－三月）のほうの利益が大きければ、その情報に株価は敏感に反応します。

そのためにアメリカの経営者は、四半期ごとに何らかのグッド・ニュースかサプライズを株式市場に流さなければならない、と考えるのです。アメリカの経営者の報酬が、株価の上昇と利益の増加とともに増えるシステム（ストック・オプションを使った報酬制度）と成功報酬制度（一定以上の利益を稼いだら報酬が増額される）になっているのも大きな要因です。

アメリカでは、投資家も、株価の変動と四半期ごとの利益を見て株を売ったり買ったりします。

わずか四半期（三か月）かそこらでは本業の利益が大きく変動することはないし、いつもいつも四半期ごとに「前年同期よりも増益」「前四半期よりも増収」といったグッド・ニュースを報告できるわけはありません。

アメリカ企業が盛んにM&Aを繰り返すのは、簡単に利益をひねり出せるからです（時価を使って評価益を利益として計上する「時価会計」はもっと簡単に利益を作ることができます）。

企業解体の儲け

今のアメリカ企業にとって、他企業を買収するには利益に関する情報（その企業が毎期どれだけの利益を上げてきたか）は要らないのです。どうせ買収した後は資産をバラバラにして切り売りするのです。欲しい情報は、資産の売却価値であり負債の清算価値です。アメリカでキャッシュ・フロー計算書が重視されるのも、キャッシュという、極めて流動性の高い資産の動きが企業財産の価値（清算価値）を知る有力な手掛かりになるとみられているからであろうと思われます。

こうした事情から、アメリカでは損益計算書（収益力）よりも貸借対照表（財産価値）を重視するようになってきました。その傾向は、国際会計基準にストレートに反映されているのです。

もともとIAS（IFRSの前身）では、損益計算書を重視する会計観に立脚し、資産の評価も原価主義が、収益の認識も実現主義が採用されていました。それが、あるときからアメリカにIASを採用させようと画策して、アメリカが受け入れやすい基準にするためにアメリカの会計基準（US－GAAP）にすり寄ったのです。そのために、「IAS・IFRSのアメリカ基準化」現象が起き、両者は非常に似通ったものになりました。

IFRS陣の大誤算

これは、IAS・IFRS陣営にとって二重の意味で、間違いでした。一つの間違いは、もともとIASは「アメリカに対抗する基準」「EUのための基準」を目指していたはずです。それが、「アメリカべったりの基準」「アメリカの言いなりの基準」になってしまったことです。

もう一つの間違いは、アメリカを仲間に入れようとしてアメリカ基準を取り込んだ結果、アメリカとしてはIFRSを採用するメリットがなくなったことです。IFRSに乗り換えるには、会計ソフトも、契約書などの経理書式も、監査システムも、すべて取り換えなければなりません。大きな会社なら一社あたり、数十億円かかるという試算もあります。

国としても、IFRSを採用すれば法律や行政手続き、公文書の書式、上場の許認可、公的資金や援助に関する要件や手続き……ありとあらゆるものを改定しなければなりません。そんな金ばっかりかかる面倒なことをしなくてもよくなりました。なにせ、IFRSはアメリカ基準そっくりになったのですから。

15　ＩＦＲＳの清算価値会計

国際会計基準が目指している世界は、お読みいただいたように、アメリカの経済界（特に、マネー・ゲームに狂奔する金融界や投機家）の瞬間湯沸かし器のような超短期利益志向を反映して、企業の資産・負債をバラバラに切り離して処分したときの価値、「即時処分価値」あるいは「清算価値」の計算・表示です。そこでは、本業の稼ぎを示す営業利益も今年の稼ぎを示す当期純利益も「邪魔もの」でしかないようです。一度減損処理して出した減損損失も資産を取り巻く状況が変われば「戻し入れ」（過年度に計上した損失を取り消して利益に戻し入れること）を行うのも、資産の処分価値が上昇したのであるから当然の処理ということになるでしょう。

「買い入れのれん」を償却しないのも、研究開発費のうち開発段階の支出（日本もアメリカも即時償却）を資産計上（無形資産）させるのも、企業が保有する資産の処分価値を表示させたいからです。

国際会計基準が目指すのはそうした企業資産・負債の「処分価値会計」であり「清算価値会計」です。要するに、ＩＦＲＳでは「企業解体の利益」を計算するのに必要な情報を提供するのです。営業利益（注6）とか当期純利益といった「利益情報」や、付加価値のような企業の「社会的貢献度を示す情報」は、現在という「瞬間風速的な企業価値」を測定するには不要な、「ノイズ」となる情報だということになります。

（注6）日本基準で作成する損益計算書にもＩＦＲＳで作成する損益計算書にも「営業利益」が表示されますが、日本基準の場合は、「本業の稼ぎ」を計算表示するのに対して、ＩＦＲＳの場合は、「本業の稼ぎ」に「営業外損益の一部」「特別損益」を加減して「営業利益」としています。

ＩＡＳＢが想定する「投資家」

負債の時価評価には一般の経済感覚からはまったく説明のつかない現象（「負債時価評価のパラドックス」といいます）があることはよく知られていますが、国際会計基準が目指す清算価値会計では、企業が抱える負債をその決済価額（いくらで負債を返済できるか）でバランス・シートに載せることが重要なのです。そう考えますと、国際会計基準の世界では「負債時価評価のパラドックス」は存在しないのです。この話は第8章で詳しく紹介します。

ＩＦＲＳは企業売買の会計

国際会計基準審議会（ＩＡＳＢ）は、将来的には流動資産も固定資産（土地も工場も機械も）

も、負債もすべて時価で評価する「全面時価会計」に移行することをゴールとしているようです。国際会計基準が「公正価値」を重視しているとか「公正価値会計」を目指しているようにいわれますが、そこでいう「公正価値（フェア・バリュー）」は「資産の即時処分価値」であり「負債の即時清算価値」に他ならないのです。つまり、企業が所有する資産を即時に売却して得られる金額（総収入）を計算し、返済しなければならない負債を即時に清算するに必要な金額を差し引いて、「企業の解体価値」を計算しようというのです。これが分かれば、あとは、その会社の株価時価総額と比べて、解体価値が大きければ「買収」対象とするというのです（実際に買収するには、時価総額の一・三倍か一・五倍かかるといわれています）。

要するに、国際会計基準は、M&Aをかけようとする企業やファンドを「投資家」とみて、彼らが欲しがる「企業売買に必要な情報」を提供しようとするものです。どこかを買収したら、資産を切り売りし、負債を即座に清算して企業を解体するという、実に荒っぽい金稼ぎの方法です。当然に従業員は全員解雇されますし、企業は消えてなくなりますから産業界も次第に衰退するでしょう。

なぜそんな荒っぽいことをするのでしょうか。それは、今の時代に大金を稼ぐには、どこかの会社を買収して、その事業を引き継ぎ、大きな利益を上げる事業にするなどといった悠長な話ではなく、どこか含みのある資産を持っている企業を買収して直ちに資産負債を清算（従業員は解雇）して企業解体の利益を手に入れようとするのが手っ取り早いからです。早ければ、企業を買収して清算するまでに、半年もあれば十分でしょう。

そんな話はウソだ、と思われる方も多いと思います。もう少し先までお読みいただけば、いくつもその証拠をお見せすることができます。

キャッシュ・フローの裏付けのない評価益

金融業は手数料ビジネスですから、物づくりと違って、収益（売上高）から費用を支払って、残りが出れば利益という計算ではほとんど利益がでません。アメリカでは四半期報告ですから、三か月ごとにグッド・ニュースを流さなければ高株価経営が続けられません。その結果、目を付けたのが時価を使った「評価益」でした。時価をうまく使えば、四半期でも半期でも、思いどおりに利益をひねり出すことができるのです。汗水流して、智恵の限りを尽くして、日に夜を注《そそ》いで「物づくり」に悪戦苦闘せずとも、デリバティブなどを駆使して、コンピューター上の数字をちょっと変えるだけで巨万の富が転がり込んでくるのです。

ただ、そうして計上した評価益は、キャッシュ・フローに裏付けられていないという時限爆弾を抱えており、それが爆発したのが、リーマン・ブラザーズ破綻に始まる二〇〇八年の世界的金融危機でした。

16 実態の分からないIFRS適用国

一二〇か国以上で採用・許容されているIAS・IFRSが、実務において順守されているかどうか、基準が形式的にではなくスピリッツにおいて順守されているかどうか、それを確認する公認会計士がいるかどうか、監査のレベルはどの程度か、順守しなかったときのペナルティがあるかどうか、そのペナルティは企業だけか会計士にも課されるのか、どれ一つとしてIASBが確認した形跡がありません。そうした重要なことをするスタッフも資金もないようです。

IASBは、そうした意味では「裸の王様」と言ってよいでしょう。一二〇か国もの国々が「賛成」の手を挙げていますが、「賛成のふりをしておこう」「表向きは反対する理由もない」「母なる国イギリスが誘うから賛成しておこう」「(会計情報に過ぎない)連結財務諸表だけに適用する基準なら自国の経済実態には影響はない」……といった国々から、今はIASBに負けたふりをして、そのうちにIASBを乗っ取る気のアメリカまで、いろいろあります。

書かれている基準のとおりに実務が行われるかどうかは、実はIFRSの命運を左右するほどの大問題です。しかし、これが表面化することはほとんどありません。なぜなら、各国の書かれている基準と純粋IFRSとの違いは両者を見比べるだけで誰にでもすぐ分かるのですが、実務が基準のとおりに行われているかどうかを検証することは極めて困難だからです。

増えるグレーの財務報告

各国における会計実務の実態が表面化していないからこそ、一二〇か国もの国でIFRSを「(なんらかの形で)採用」していると喧伝できるのかもしれないのです。もしかして各国の実態を調査して「実際には使っていない国」「自国流に適用している国」「会計士による監査が行われていない国」「自国語への翻訳すら出版されていない国」「上場会社のない国」「連結するだけの企業集団のない国」……がぞろぞろ出てきたら、IASBとIFRSへの信頼は一気に地に墜《お》ちるかもしれません。だからといっては語弊があるかもしれませんが、IASBは各国の実情をまったく調査していません。

多くの国がIFRSを採用・許容するのは、原則主義の「自由度の高さ」にあるのではないでしょうか。経理の自由度が高まれば、各企業は、企業が置かれた実態にそぐわない細かなルールに縛られることなく、自らが置かれた状況に合わせた決算と財務報告ができるようになります。その反面、適切とは言い難い、むしろグレーといえるような財務諸表が作られる可能性が高まる危険性もあるようです。

「一歩遅れのＩＦＲＳ入門」はここまでにして、本題に入ります。ＰＡＲＴ１では、イギリスがＥＵを離脱（ＢＲＥＸＩＴ）することに伴って、ＩＡＳＢ・ＩＦＲＳ体制が崩壊に向かわざるをえない事情をお話します。

PART 1　イギリスEU離脱（BREXIT）の衝撃

第1章 国際会計基準《ＩＦＲＳ》、空中分解の危機

1 イギリスのＥＵ離脱（ＢＲＥＸＩＴ）
2 資本市場の会計基準
3 なぜＥＵが独自の会計基準を必要とするのか
4 「会計哲学」が違う
5 英独仏の三竦み
6 「歴史の偶然」か「天の配剤」か
7 タダ乗りするコモンウェルス
8 「ＩＦＲＳ、空中分解」
9 ＥＵ版ＩＦＲＳは存続できるか

1　イギリスのＥＵ離脱（ＢＲＥＸＩＴ《ブレグジット》）

二〇一六年六月二三日、イギリス（ＵＫ、連合王国）が国民投票により欧州連合（ＥＵ、イギリスを含めて二八か国）からの離脱を決めた。報道されている記事は、ほとんどが離脱による各国経済・国際経済への影響であるが、実は、世界の会計界にとって天地がひっくり返るほどの衝撃が待っている。それは、「国際会計基準（ＩＦＲＳ）消滅」の危機である。

この話をするには、この二〇数年間ほどの間における世界の動き（会計の動きとは限らない）を理解しておかなければならない。たとえば、ベルリンの壁の崩壊、ソ連解体、東西ドイツ統合、ＥＵ結成、アメリカの衰退と新しい世界戦略、アフガン戦争……、そうした世界の動きに連動して登場してきた会計基準戦争などである。

イギリスのＥＵ離脱に伴って発生すると思われる会計の地殻変動は、そうした歴史を訪ねないかぎり正しく理解することができない。ＩＦＲＳは単なるヨーロッパの会計基準ではないし、ましてや国際会計基準審議会（ＩＡＳＢ）が喧伝するような世界中の国々が採用しているグローバル基準というわけでもない。

本章では、序論として、非常におおざっぱにではあるが、なぜイギリスがＥＵから離脱すれば

ＩＦＲＳが空中分解するのかを説明しておきたい。詳しいことは次章以降に書くことにする。

2　資本市場の会計基準

世界の会計基準には、主なものとして、会計の発祥の地であるイギリスの会計基準、それを受け継いだアメリカの会計基準、さらに、戦後その流れを受け継いだ日本の基準がある。この三か国の会計基準に共通しているのは、高度に発達した資本市場を前提とする、「投資家が投資意思決定に使う財務諸表（連結財務諸表）を作成するためのルール」ということである。

背景にあるのは、ニューヨーク、ロンドン、東京という三大資本市場である。「お金のないところ」には会計は育たないが、お金が集まるところには取引をする場としての資本市場（株式市場・証券取引所）とそこでの約束事・ルール（会計基準もその一つ）が重要な役割を担う。

世界には、ほかにも会計先進国としてドイツやフランスがある。しかし、ドイツは主にコンツェルン向けの会計（管理会計）、フランスは統制経済の会計（国家の経済運営に使う会計）が支配的で、一般投資家からの資金を調達するための資本市場向けの会計基準を設定する経験を持っていたのは、資本市場の大きいアメリカ、イギリス、日本だけである。

3　なぜEUが独自の会計基準を必要とするのか

ＥＵが結成されたのは、アメリカに対抗できるだけの大きな資本市場を形成しなければヨーロッパがアメリカ資本に浸食されるという危機感を背景にしている。そのヨーロッパ資本市場に資金を集めるには、ニューヨーク証券取引所とは違った会計基準を必要とした。ＥＵには、ＥＵの資本市場で使う会計基準を必要としていたのである。

後述するような事情から、ＥＵは初期の国際会計基準（ＩＡＳ）を域内資本市場で使う会計基準として採用した。ＥＵにとっては、ＩＡＳはアメリカの支配を受けていないし、これから一層ＥＵに有利な基準に変えていくことができる。ＥＵが、独自の会計基準としてＩＡＳにこだわった理由はここにある。

会計基準は、無色透明なものではない。一定の理論から整然と導き出されるものでもない。会計基準の決めようによって、自国の産業に、ひいては国益に大きな影響を持つ。自国の企業に有利に、外国企業には不利に働く基準を設定することもできる。特定の業種を優遇する基準も設定できる。

自国の企業や産業に有利に働くように基準を設定できるということは、逆に他の国々の企業や産業に不利に働く可能性がある。だから、どこの国でも、会計基準を設定するときは、自国の企業が不利にならないように、できる限り自国に有利になるように画策する。そうした意味からすると、会計基準は「理論の産物」というよりは「政治の産物」なのである。

そうしたことを考えると、どこの国でも使える会計基準という発想そのものが間違っていることに気がつくであろう。IAS（その後のIFRS）が、世界中の国々で使う「国際」基準を目指したが、会計基準である以上は、特定の国家から見れば有利に、別の国家から見れば不利になる可能性がある。国際会計基準は、建前としては国家という枠を持たないが、適用国のマクロ政策と無縁ではない。だから、IASやIFRSは自国・自地域のマクロ政策に貢献するようなものにしようという誘因によって、つまり、各国・地域の力関係によって歪《ゆが》められてもおかしくはない。

4 「会計哲学」が違う

話を元に戻す。「EU独自の会計基準を作る」という話であった。悩ましい問題は、EUに会計先進国が三か国あるということであったであろう。イギリス、ドイツ、フランスである。この三か国は、数百年にわたって国土、資源、宗教等をめぐって戦争を続けてきた国々である。仲が悪い、などといった生易しい関係ではない。

イギリスとフランスの近代の例だけとっても、一六八九年から九七年まで、一七〇一年から一三年まで、一七四〇年から四八年まで、一七五六年から六三年まで、一七七六年から八三年まで、一七九二年から一八一五年まで、戦争を繰り返している（ウルリケ・ヘルマン（猪股和夫訳）『資本の世界史─資本主義はなぜ危機に陥ってばかりいるのか』太田出版、二〇一五年、三三頁）。

ドイツとフランスは、一六一八年から四八年の三〇年戦争、一七九九年から一八一五年のナポレオン戦争、一八七一年の独仏戦争、第一次大戦、そして第二次大戦と絶え間なく戦争を繰り返してきた（木村正人『EU崩壊』新潮新書、二〇一三年）。そうした国々の話である。統一の会計基準を作るといっても、意見が対立し、利害が対立し、合意に至るまで長い、長い時間がかかるであろう。

ただ三か国の仲が悪いとか、お互いに譲らないといった話にとどまらない。実は、こと会計に関しては、三か国の会計観がまるで違うのだ。「会計哲学」が違うと表現する人もいる。イギリスについていえば、世界で最初に産業革命を経験し、それに必要な資金を集める方法としての株式制度を編み出し、巨大な資本市場を生み出した。イギリスの会計思考と会計制度は、この国の経済・産業の発展に合わせて形成されてきた。

しかし会計のルール（会計原則、会計基準）に関していえば、同国がコモン・ローの法体系をとるのに照応して、（一）詳細なルールを設けない（原則主義）、（二）原価主義にこだわらない（損益計算書＝原価主義、貸借対照表＝時価主義）、（三）体系的なルールの開発よりも個別原則方式、といった特徴を持っている。ドイツやフランスのような大陸法系の会計とは目的も方式も違うのだ。

イギリスでは、会計基準設定主体である会計基準審議会（ＡＳＢ、前身は、会計基準委員会（ＡＳＣ））が設定する会計基準を上場会社が順守することを証券取引所との間で協約してきた。かくしてイギリスの会計基準は、資本市場で資金を調達するために作成する財務諸表に適用される。イギリスの会計は、アメリカの大鉄道狂時代にイギリス資本とともにアメリカにわたり、さらに、第二次大戦後、アメリカを経由して日本に伝播した。イギリス、アメリカ、日本の会計は、こうした経緯から、資本市場のための会計（投資家のための会計）として発展してきた。

ところが、フランスとドイツの会計は、まったく違う土壌に育った。フランスは農業国であるために資本市場のための会計というよりは、国の経済統制に役立つ会計（国民所得会計の基礎資料とするための会計標準化）が志向されていた。またドイツの会計も、コンツェルンのための会計（管理会計）という色合いが強い。両国とも、大きな資本市場（証券取引所）を持たなかったし、各企業が必要とする資金は小さいかグループ（コンツェルン）内で調達できた。

5 英独仏の三竦《すく》み

さて、EU独自の会計基準を誰が作るかという問題である。EUは「対アメリカ」を目的に結成されたものである（詳しいことは次章に書きたい）。アメリカの会計基準に対抗できる基準で、アメリカの基準とは違った基準、さらにEU各国が自国の基準として採用できる基準を作らなければならない。

EUの資本市場で使う基準であるから、ヨーロッパ最大の資本市場を持つイギリスが開発を担うのが妥当に思えるが、先にも述べたように、ドイツもフランスも、独自の会計制度・会計観を持っている。簡単に基準の設定をイギリスに任せるわけにはいかない。かといって、ドイツもフランスも、資本市場で使う会計基準（投資家のための会計基準）の設定となると経験不足である。この三竦みを救ったのが、昔のIAS（国際会計基準）だった。

少し歴史を振り返ってみよう。

IASの始まりは、簡単に言うと、「各国会計士たちの勉強会」であった。最初は、アメリカとイギリスとカナダという英語圏で、同じ会計用語でも国により意味が異なることを問題にしたものであったが、その後、世界の主要な国々の会計士協会が集まって、「世界の会計基準を統一するとすれば、いかなる基準にするべきか」を検討し、それを文書化したのが、元祖・IASであった。

現在の国際会計基準（IFRS）を設定しているのは国際会計基準審議会（IASB）であるが、その前身は、国際会計基準委員会（IASC）で、設定する基準の名称はIASであった。IASCは、会計基準の国際的ハーモナイゼーション（調和）を目的として、一九七三年に発足した。当時のIASは、「理念・理想は高くても実用的ではない」「エスペラント語だ」として実務界からはほとんど見向きもされなかった。

ところが、一九八八年、各国の証券監督当局の国際機構である「証券監督者国際機構（IOSCO）」が、「一定の会計基準が完成すれば、国際的に資金調達する企業の財務諸表作成基準としてIASを認知する」と意思表明したのだ。IOSCOは、各国の「会計基準を設定する法的権限を持った政府機関の集まり」であるから、ここがIASを「国際的な会計基準」として認知すれば、「エスペラント語」扱いを受けてきたIASが一気に実用基準になる。

6 「歴史の偶然」か「天の配剤」か

IASがIOSCOの認める会計基準としての体裁を整え始めたとき、ほぼ時期を同じくしてヨーロッパの諸国が結束してEUができた。IASははじめからヨーロッパの統一的会計基準を目指していたわけではないし、EUとしてもはじめからIASを域内統一基準とすることを考えていたわけでもない。たまたまEUを結成したときに、アメリカの基準でもイギリスの基準でもない、ヨーロッパの主張を反映しやすい会計基準として、目の前にIASがあったのである。「歴史の偶然」とでもいうべきことであった。

当時のIASの作成には、アメリカも、ドイツもフランスも、日本もイギリスも参加していた。IASは、イギリスを除けば、どこの国も現実に企業に適用するものではなかったから、かなり理想的な要素も盛り込むことができた（イギリスでは、海外企業がIASを採用していた時期があった。詳しくは、拙著『イギリスの会計制度』中央経済社、一九九三年、一五一―一六頁参照）。もっとも重要なことは、IASはアメリカの支配下にないことである。どこの国にも支配されていない独自の会計基準を求めているEUにしてみれば、「天の配剤」であったろう。

かくしてEUは、ヨーロッパの市場統合に伴う域内の統一的な会計基準としてIASを採用することにしたのである。IASという、未だ実用性に乏しく、エスペラント語に近いものを域内の会計基準に据えようとするのは、「理念はともかく実利の面ではアメリカへの対抗力を高めることに狙いがあった」（斎藤静樹「企業会計基準委員会の六年間を振り返って」『季刊会計基準』税務研究会、二〇〇七年六月）からであった。ソビエト連邦が崩壊した後のアメリカによる欧州侵略に対抗する手段として、アメリカ企業の利益だけを追求する会計基準ではなく、欧州の経済的、政治的利益を護るための独自の基準を設定する道が拓けたのである。

ＩＡＳ（後のＩＦＲＳを含めて）が、ＥＵの会計基準ということであれば、アメリカや日本を巻き込んだ騒動は起きなかったかもしれない。ＥＵにはＩＡＳが、アメリカにはＵＳ－ＧＡＡＰ（アメリカ会計基準）が、そして日本にはＪ－ＧＡＡＰ（日本基準）がある。世界の主要な資本市場ごとに、その市場に参加する企業にふさわしい（有利な、といってもよいし、マクロ政策を反映した、といってもよい）会計基準があるということである。

ところが、ＥＵ向けのＩＡＳを開発してきたイギリスが、ＥＵの会計基準であることに飽き足りず、採用国・適用国を域外に求めたのである。その結果、現在では、世界の一二〇か国・地区がＩＡＳ・ＩＦＲＳを採用していると喧伝されている。

7　タダ乗りするコモンウェルス

ＩＦＲＳが世界の一二〇か国・地区で採用されているといわれるが（そのことはＩＡＳＢも誰も確かめたことはない）、なぜ短期間にＩＦＲＳ採用国を増やすことができたのであろうか。答えは、自国で独自の会計基準を設定するだけの「時間、お金、人材」を持たない国々が、ＩＡＳ

Ｂ（より正確に言えば、イギリス）の誘いに「ＩＦＲＳ賛成」と回答しているからである。

　ＩＦＲＳがＥＵ域内だけで使われるとすれば二七か国ほどであるが、実は、ＩＦＲＳの設定をリードしてきたイギリスが、コモンウェルス（British Commonwealth of Nations、イギリス連邦）諸国にＩＦＲＳの採用を呼び掛けたために、五五か国もの国々が一挙に採用国の中に入った。ほかにも、自国の会計基準を設定するだけの「時間、お金、人材」を持たない小国が参加した。要するに、ＩＦＲＳに「タダ乗り」したのである（ＩＦＲＳを設定する機関であるＩＡＳＢは、国や企業などのサポーターの寄付で運営されているが、コモンウェルス諸国はほとんど資金を出していない。第11章で詳しく紹介する）。

　コモンウェルスは、イギリスと旧イギリス領植民地から独立した国々で構成するゆるやかな国家連合体を指すが、ライフスタイルも、食生活も、道路交通ルールも、旧宗主国であったイギリスの伝統を守っているところが多い。法律や会計基準も同じで、イギリスが会社法を変えればコモンウェルス諸国もイギリスに倣《なら》い、会計基準が変わればそれに倣うところがある。

　ＩＦＲＳについても、旧宗主国から採用を促されれば、特別の事情がない限りそれに従うのである。コモンウェルスでＩＦＲＳを採用「できなかった」のは、パキスタン、シンガポール、バングラディッシュといったイスラム圏の国々だけであった。

8 「ＩＦＲＳ、空中分解」

本題に入る。右に紹介したことは、「ＥＵからの離脱（Brexit）」によって起きる「ＩＦＲＳ、空中分解」を理解してもらうための「枕詞」である。しかも、かなり表面的な話しか書いていない。なぜＥＵは「対アメリカ」で結成されたのか、ＩＡＳ・ＩＦＲＳはなぜ全面時価会計を目指すのか、なぜ当期純利益を忌避《きひ》するのか、なぜアメリカは自国企業がＩＡＳ・ＩＦＲＳを採用するのを禁止しているのか……わが国ではこうしたことはほとんど話題にもされていないが、「ＩＦＲＳ、空中分解」を正しく理解してもらうためにはぜひとも知っておいていただきたい。次章以降に紹介したい。

イギリスがＥＵから離脱するとなれば、まさかＥＵの会計基準の開発・設定を、これまでどおりイギリスに任せるというわけにはいかないであろう。そうかといって、ドイツかフランスが主導権を握って（国際会計基準という名の）ＥＵ会計基準を設定・改正するようになれば、間違いなくイギリスは国際会計基準審議会（ＩＡＳＢ）から脱退し、自国の会計基準を採用するであろう。もともとイギリスにはＵＫ－ＧＡＡＰ（イギリス会計基準）の蓄積が大きいので、大きな混乱や支障は起きないであろう。

ところが、ことはイギリスだけの話では済まない。イギリスが開発する会計基準であったから、これまでイギリス連邦（コモンウェルス）の国々もＩＦＲＳを支持してきたのである。

イギリスがＩＡＳＢから脱退しＩＦＲＳを使わなくなれば、コモンウェルスの五五か国もイギリスに同調しよう。そうなると、ＩＦＲＳは、最大の支持諸国から見放され、やがてＥＵの一部の企業に適用される「ローカル基準」となるか、ＥＵ各国がそれぞれ自国の基準を開発するようになるのではなかろうか。

小さな話かもしれないが、ＩＦＲＳという名称もＩＡＳＢという名称も、イギリスからの「借り物」である。イギリスの会計基準は、「財務報告基準（Financial Reporting Standards：FRS）」という名称であり、同国の会計基準設定機関は、「Accounting Standards Board：ASB」という名称である。もともとのＩＡＳやＩＡＳＣという名称をやめて、イギリスの名称に国際のＩをつけて、ＩＦＲＳ、ＩＡＳＢを名乗っている。ＥＵとして、ドイツ、フランスとして、この名称を使い続けることには大きな抵抗があろう。

9　ＥＵ版ＩＦＲＳは存続できるか

そうはいっても、しばらくはドイツかフランスがＥＵ版ＩＦＲＳの存続を図るであろう。経済力や資本市場から見ればドイツが担当するのが筋であろう。しかし、ことはそれほど単純ではない。

イギリスがEUから離脱して一番悩ましいのは、おそらくフランスであろう。EU内では、これまではドイツの独断専横をイギリスが抑えてきた経緯があるが、イギリスが離脱するとなると、EU二七か国は、軍事的にも経済的にも政治的にもドイツの支配下に置かれるようなものである。フランスは、ドイツ軍に三度屈辱の敗戦を喫したという悪夢から目覚めることはない。第一次大戦、第二次大戦、そして一八七一年の独仏戦争による大敗である。そのドイツが、四度目の欧州戦争（軍事的であれ、経済的であれ、政治的であれ）を仕掛けてくる可能性が、イギリスのEU離脱によって一段と高まるであろう。

そのドイツがEUの会計基準を作ることには、まずはフランスが経済的支配を恐れて同意しないのではなかろうか。かといってフランスは農業国であるから、資本市場を前提にした会計基準は作れない。これだけ高度に金融商品が発達した時代になると、国際金融市場を持っている国・地区でなければ近代的な会計基準を作ることは難しい。

そうすると、国際会計基準は、ある日突然、EU限定のローカル基準になって、さらに独仏が対立して合意が得られず、やがて消えてなくなるかもしれない。

EU限定の基準となれば、IASBの資金の面も様変わりしよう。イギリスはEU版会計基準を使わない以上、資金を引き揚げてもおかしくない。その点は、アメリカも日本も同じであろう。これまでは、世界中の国々が使う「国際会計基準」ということから、発言力・影響力を維持するためにも資金を負担してきた。それが、ＥＵ版の会計基準ということになれば、資金を出す理由がなくなる。日本がアメリカの基準設定のために資金を出すとか、アメリカが日本の会計基準設定のために資金を出すといったことをしないのと同じである。

ＩＦＲＳ・ＩＡＳＢの活動資金を管理しているのは、ＩＦＲＳ財団である。同財団によれば、二〇一七年度は総額で二、五〇〇万ポンドの寄付が集まった（以下、数字はIFRS Foundation, *Annual Report 2017.* による)。1ポンド一五〇円とすると、三七億五千万円になる。

寄付の金額の多いほうから紹介すると、

（1）国際監査事務所　八七〇万ポンド（一三億五〇〇〇万円）
（2）ＥＵ　四一四万ポンド（六億二、一〇〇万円）（これとは別に、英仏独などのＥＵ企業等が拠出。一六七頁参照）
（3）日本　二二五万五千ポンド（三億三、八〇〇万円）
（4）中国　一九〇万ポンド（二億八、五〇〇万円）
（5）フランス　八八万ポンド（一億三、二〇〇万円）
（6）イギリス　八七万ポンド（一億三、〇五〇万円）

（7）　ドイツ　八三万ポンド（一億二、四五〇万円）

（8）　アメリカ　六九万ポンド（一億三五〇万円）

ＩＦＲＳ関係の資金は、その三分の一近くを国際監査事務所が負担していることになる。資金の出所が偏っているということは、設定される会計基準に偏りが生じかねないということである。会計基準に限った話ではないが。

ＩＦＲＳがＥＵの基準となれば、日本、アメリカ、イギリスは資金を出す理由を失うであろう。オーストラリア、ニュージーランド、カナダなどの英語圏も同じである。そうなると、ＩＦＲＳをサポートする国も資金も激減する。ＩＦＲＳ財団のサイフの中身と、日本の資金負担の内実については第11章で詳しく紹介する。

もともと、ＩＦＲＳは会計基準として無理があった。全面的時価主義を採るというのは会計の放棄であったし、実現主義を排して発生主義を取る愚は東芝事件で明らかになった。原則主義は、イギリスのような「素人の判断を重視する」「素人わかりしないルールは認めない」という社会で通用しても、ルールさえ（形だけ）守れば大丈夫と考えるような欧州やアジア諸国では通用しない。

第2章

盟主を失ったＩＦＲＳ

1　会計基準は政治なり

ＥＵ（欧州連合）が結成（一九九三年）されたのは、ソ連崩壊（一九九一年）によって北からの脅威から解放されたヨーロッパが、次なる脅威として浮かび上がってきたアメリカに対抗する勢力を作るためであった。軍事的には、アメリカと北大西洋条約機構（ＮＡＴＯ）という軍事同盟を結んできたが、経済的には、後で述べるような事情から、アメリカがヨーロッパとアジアに触手を伸ばすのは目に見えていた。ヨーロッパとしては、アメリカに対抗できるだけの大きな資本市場を形成しなければアメリカ資本に浸食されるという危機感を持っていたのである。そのヨーロッパ資本市場に資金を集めるには、ニューヨーク証券取引所とは違った会計基準を必要とした。

なぜか。前章でも触れたことであるが、会計基準は、無色透明なものではない。一定の理論から整然と導き出されるものでもない。この点については、世の中では大きな誤解がある。会計基準は、一定の原理原則から、論理的に、整然と導き出されるものであるならば、一度決めれば改正する必要もないし、各国が同じ原理原則を採用していれば、世界中の会計基準は一セットあれば済む（これが、表向きの国際会計基準の立場である）。

しかし、どうもそうではない。その証拠に、日本の会計基準も国際会計基準も、年がら年中、改正され変更されるではないか。なぜ、頻繁に改正されるのであろうか。それは設定された基準が稚拙だとか穴だらけだということではない。ただ利害関係者間の合意が低いからである。基準が論理的に理路整然と導き出されるのであれば、誰もが納得する基準を設定できるかもしれない。

しかし、現実には、基準設定には、論理とは違った力関係が強く働くことが多い。それは、監督官庁の力かもしれないし、業界の力かもしれない。証券市場の力ということもあろうし、監査業界の力が働くこともある。関係者全員の合意が得られる会計基準を設定することは、至難なのである。

2 国際会計基準は誰のものか

国際的な観点から言えば、会計基準の決めようによっては、自国の産業に、ひいては国益に大きな影響を持つ。自国の企業に有利に、外国企業には不利に、あるいは、工業国には有利に、農業国には不利に働く基準を設定することもできる。もちろん、その逆の基準を設定することもできる。特定の業種を優遇する基準を設定することもできるし、一部の企業を他の業界に誘導するような基準を設定することもできる。会計基準の設定は、まさしく政治なのだ。

自国の企業や産業に有利に働くように基準を設定できるということは、逆に他の国々の企業や産業に不利に働く可能性があるということである。意図的に他国の産業を衰退させる基準もある。保険契約の会計基準もリースの基準も工事契約の基準も、収益認識の基準も金融商品の基準も、しばしば改正・再改正を繰り返してきた。どんな基準を作っても、国によって、業種によって、企業によって、「不公平」「不利益」になりかねないからであろう。

そうしたことから、どこの国でも、会計基準を設定するときは自国の企業が不利にならないように、できる限り自国に有利になるように画策するのである。ヨーロッパも、アメリカの会計基準に支配されないようにするために、ヨーロッパの資本市場で使う会計基準を必要としていたのである。

ヨーロッパにとってそれが難題であったのは、前章で紹介したように、ヨーロッパにイギリス、ドイツ、フランスという「会計大国」が三か国もあったことが原因であった。三か国の会計は、まるで違う。イギリスは、資本市場における資金調達を目的とした「投資家のための会計」であり、ドイツは、中核に銀行をおいたコンツェルンのための会計（管理会計の色彩が強い）であり、フランスは農業国という事情から、国の経済統制に役立つ会計標準化が志向されていた。

ＥＵの会計基準を作るといっても、三つの会計大国が異なる会計観に立脚していたことから「三竦《すく》み」にあったのである。それを救ったのが、当時の国際会計基準（ＩＡＳ）であった。当時のＩＡＳは、アメリカも、ドイツも、フランスも、イギリスも参加して作成されていた。重要だったのは、ＩＡＳはアメリカの支配下にないことであった。どこの国にも支配されていない会計基準を必要としていたＥＵにとっては「天の配剤」であったであろう。

3 「独仏の和平」から「欧州の結束」へ

最初に、予備知識として、ヨーロッパの概況とＥＵを結成するに至った経緯を振り返っておきたい。少し前までは、アメリカを（日本も）国際会計基準グループに取り入れようという動きが活発であったが、国際会計基準を開発してきたＩＡＳＢは、当初は、「非アメリカ」的な会計基準を構想していた。その結果、資産も負債も「全面時価評価」するような会計を求め、投資の回収と回収余剰としての利益を計算する会計を「恣意的だ」として排除するような会計、さらに、企業売買のための情報を提供する会計を目指すようになってきた。こうした事情やその背景はおいおい紹介することにして、本章では、ヨーロッパの地政学的状況を整理しておきたい。

国際会計基準との関係で十分に理解しておかなければならないことは、二点ある。一つは、ヨーロッパにおけるドイツとフランスの関係である。この二つの大国は、隣国・地続きであり何かと面倒な立地にあるだけではなく、ヨーロッパの覇権を握るために、資源や領土の争奪を繰り返してきた。両国の国境にあるザール（独語：ザールラント）は豊富な石炭を埋蔵しており、ドイツの工業（特に鉄鋼業）が発展する一大要因であった。しかし、ザールはもともとフランス領であり、それを独仏戦争（普仏戦争）に敗れてドイツ（当時はプロイセン）に割譲されたという歴史がある。

そうした歴史がなければ、フランスが工業力でドイツを凌駕《りょうが》していたかもしれないのである。そんな思いもあってか、第二次大戦後、フランスは連合軍の占領下にあったルール地方やザール地方を自国の支配下におこうと動いた。そうした動きは、再び独仏（ここでは西ドイツとフランス）の対立を呼ぶ危険があったことから、英米がフランスに圧力をかけて抑え込んだことがあった。

4　シューマン宣言

その後、当時のフランス外相シューマンが「シューマン宣言」を出し、旧西ドイツとフランスの石炭・鉄鋼等の資源を国際管理に置くことを提唱した。このシューマン宣言を受けて、一九五二年にEUの前身である欧州石炭鉄鋼共同体（ECSC）という超国家的な組織が結成された。「二度にわたる大戦を経験した欧州がこのような大戦を再発させないよう、加盟国の主権の一部を超国家機関に委ねること」（茶野道夫「岐路に立つEU　反エリート感情台頭『欧州合衆国』実現は」『金融財政ビジネス』時事通信社、二〇一六年九月五日）、より具体的にはドイツとフランスの領土と資源問題を国際管理下に置くことを目的としていた。石炭や鉄鋼は武器や弾薬づくりに欠かせない。これを国際管理下に置くことにより独仏の戦争を物理的に不可能にしようというのであった。

こうした事情からいえば、EUのスタートは、独仏間の争いを鎮静化することを目的としていたが、当時の（今も変わらないが）ヨーロッパにしてみれば、第二次大戦直後の最大の課題であった。イギリスがEUに加盟した後は、この三か国のバランス・オブ・パワーの上にヨーロッパの平和が保たれてきたといってよい。

EU結成後は、表向き三か国の関係は平穏であったが、裏での覇権争いは続いてきた。ここでイギリスがEUから離脱することにより、この三か国のバランスが崩れ、EU内ではドイツの「一極支配」が進行する恐れが高まってきた。それを恐れるフランスが強硬姿勢に転じ、独仏両国の覇権争いが表面化する可能性も否定できないのである。ヨーロッパが「大きな政府（EU）」で結束したのは、「好戦的なドイツ」と「大敗を続けるフランス」の歴史を繰り返さずに、他のヨーロッパ諸国が監視することを目的としていた。ECSCは、設立当初、フランス、旧・西ドイツ、イタリア、ベネルックス三国の六か国であった。EUの中でも存続を続けたが、二〇〇二年に条約の期限が切れて消滅している。

もう一つは、EU結成の真のねらいである。これも独仏関係からみておく必要がある。ECSCが設立された後、一九五七年にローマ条約が結ばれ、ヨーロッパの経済領域の統合を進めるための欧州経済共同体（EEC）と原子力産業の開発・資源管理を目的とした欧州原子力共同体（EURATOM）が設立され、一九六七年に三つの共同体が統合されて、欧州共同体（EC）となった。EC結成当時の加盟国は、ECSCと同じく、フランス、旧・西ドイツ、イタリア、ベネルックス三か国の六か国であったが、一九七三年に、イギリス、アイルランド、デンマークが加盟し、八一年にはギリシャ、八六年にはスペインとポルトガルが加盟して、一二か国の共同体となっている。

独仏問題の解決だけであれば、大陸から離れたイギリスやアイルランドが加盟することも、独仏から遠いギリシャが加盟することもないはずである。それが、ECの結成後、EC諸国は、一九九一年にマーストリヒト条約を締結し、通貨統合、外交・安全保障政策の共通化、欧州市民権の確立を目指すことになった。同条約は、一九九三年に発効し、ECはEUに発展したのである。

以下では、独仏関係の問題から少し視野を広げて、第二次大戦後のヨーロッパの状況を説明し、なぜ、国際会計基準がヨーロッパの会計基準として採用されたのかを解き明かすことにしたい。

実は、このヨーロッパにおける積年の国家間紛争と、ソ連崩壊・東西ドイツ統合後のヨーロッパの「次なる危機」を知らないと、ＩＡＳ・ＩＦＲＳの誕生とその目的が理解できないのだ。

ヨーロッパの諸国は、石炭や鉄鉱石などの資源を争い、宗教や人種で争い、領土で争い、ソ連、独仏という強国の「綱引き」に巻き込まれ、自国の平和を享受する時代はなかったのである。それが、つかの間かもしれないが、一九八九年にベルリンの壁が崩壊し、東西ドイツが統一（一九九〇年）され、続いて経済危機を招いたソ連が九一年に崩壊、九三年にＥＵが結成されるのである。八九年からは、ソ連の衛星国であったルーマニア、ポーランド、ハンガリーなどの諸国が民主化革命に成功した。

そうした国々が、「平和」と「独立」と「繁栄」を求めた結果が、欧州連合（ＥＵ）だったのである。

5　ヨーロッパは「小国」連合

ヨーロッパは、戦場の長い歴史を持つ。いや、ヨーロッパの誕生以来、平和であった時代のほうが短い（英仏、独仏間の戦争については、前章で簡単に紹介した）。だからこそ、いつの時代も、それぞれの国が外敵・隣国から身を護ることに腐心してきた。少し前までの外敵は、まぎれもなくソビエト連邦であったが、今の外敵はアメリカである。
「ヨーロッパの敵はアメリカだ」というと驚かれるかもしれないが、ヨーロッパは今、アメリカから身を護るために腐心しているのである。ヨーロッパに国際会計基準が誕生したのも、「対米戦略」の一環であった。その話をする。

ヨーロッパは小国が多い。ふだん私たちはヨーロッパと言えば、イギリス、フランス、ドイツ、スペイン、イタリア……といった西ヨーロッパの「大国」をイメージしがちであるが、国土の面積において日本（三八万平方キロ）よりも大きいのはフランス（六四万平方キロ）とスペイン（五一万平方キロ）くらいで、どちらも農業国である。工業国のイギリス（二四万平方キロ）もドイツ（三六万平方キロ）も日本より小国である。

経済力は国土の広さに比例しない。国土が北にあるのか（農業は厳しい）南にあるのか（農業に向いている）、平地が多いか山岳地帯が多いか（工業化や輸送に有利かどうか）、石炭・石油・鉱物などの資源は豊富か、水資源（山からの水や川の水）が手に入るか、隣国との軍事的・経済的関係は安定しているか、自国の製品を買ってくれる国はどこか、そして決定的な要素は、消費者・労働者がどれだけいるか、である。

人口となったら、一億二、七〇〇万人の日本に近いのはドイツ（八、二〇〇万人）くらいで、イギリスもフランスもイタリアも六、〇〇〇万人から六、五〇〇万人、日本の半分しかいない。それだけヨーロッパ各国は小国の集まりで各国の消費市場も資本市場も小さいのである（面積と人口の出典：IMF, World Economic Outlook Databases. 2016.）。

小さな国の集合体であるからこそ、ヨーロッパ諸国はこれまで様々な同盟や協定を結びながらも、資源を争い、覇権と版図を争って戦ってきた。ヨーロッパでは隣の国はあてにならない。どこかの国が攻めてきても、隣の国が護ってくれることは期待できない。長い長い戦争の中から、絶対的な力を独占する国が現れなかったことが、ヨーロッパの不幸でもあり幸いでもあったのではなかろうか。一強が現れたときの不幸は、ナチス・ドイツによって支配されたヨーロッパか共産主義のソ連によって支配されたヨーロッパを想像してみると分かるであろう。

6　マーシャル・プラン

二度にわたる世界大戦はヨーロッパ全体を極度に疲弊させた。特に六年間にわたる第二次大戦は農工業生産に深刻な打撃を与えた。敗戦国のドイツにいたっては戦前の三割にまで落ち込んだといわれる（ソ連による占領区域を除く）。当時、軍事的にも経済的にも余力があったのはアメリカとソ連であった。

ヨーロッパの地図を見ながら読んでいただきたい。すでに、ポーランド、ハンガリー、ブルガリア、チェコスロバキア、ルーマニア、ユーゴスラビア、アルバニアといった東欧諸国ではソ連の影響で社会主義政権が樹立され、敗戦国のドイツは東側が東欧に組み込まれた。

アメリカとしては、疲弊したヨーロッパを放置すれば、間違いなくヨーロッパ全体が共産主義化されることを恐れた。アメリカは、ここで有名な「マーシャル・プラン」を打ち出すのである。一九四七年六月五日、ジョージ・マーシャル国務長官がハーヴァード大学の学位授与式で行った記念講演の中で、アメリカがヨーロッパの戦後復興を支援するつもりであることを発表している。マーシャル・プランは、具体的には、第二次世界大戦で被災したヨーロッパ諸国を復興させるためにアメリカが計画した援助計画であった（正式名称は欧州復興計画、European Recovery Program：ERP)。

マーシャル・プランは、アメリカの歴史上最も大きな成功を収めた対外政策とも言われているが、西ヨーロッパ諸国の復興に大きな貢献をし、またアメリカの企業にも巨大な消費市場を提供したといわれる。アメリカは一〇〇億ドル（二〇〇四年の価値に換算して一四八〇億ドルともいわれる）を超える援助をしたというが、経済的にはアメリカの企業を潤し、政治・軍事的にはソビエトの西ヨーロッパ支配にブレーキをかけたのである。

この時代、ヨーロッパにとって、アメリカは守護神的な存在であったし、逆にアメリカにとってヨーロッパは、アメリカの生産物（軍需品や軍用品も含めて）を大量消費してくれる巨大マーケットでもあり、共産圏の侵略に対する防護壁でもあった。

当時、アメリカの工業力は世界を圧倒しており、飛行機、車両などとともに、余剰生産物であった小麦や綿花を援助物資としてヨーロッパに送り込んだ。アメリカにとってヨーロッパは余剰生産物のはけ口ともなり、巨額の援助はヨーロッパへの輸出によって「回収」したといわれる。ちなみに、綿花も小麦も、アメリカの生産高の四割超がヨーロッパに渡った。当時、アメリカにとってヨーロッパは、「焦げ付く心配のない上得意先」であったのである。

7 EUの結成は「対米」戦略

アメリカと西ヨーロッパの「反共政策」の時代は、東ヨーロッパの「ソ連からの解放」によって終わりを告げた。ベルリンの壁（全長一六五キロメートル）が、信じられないことに市民によって破壊されたのが一九八九年一一月一〇日であった。共産圏の東ドイツと西欧国家の西ドイツが「一つのドイツ」として再統合されたのが、翌年の一九九〇年一〇月三日であった。

ヨーロッパ諸国が最大の脅威としてきたソビエト連邦が解体したのは、ベルリンの壁が崩壊した二年後の一九九一年であった。その二年後に欧州連合（ＥＵ）が結成されるのである。ヨーロッパ、特に東ヨーロッパが、共産圏であるソ連から解放され「東欧革命」を迎えた時に、なぜ、ヨーロッパの政治・経済力を統合するような「大きな政府（ＥＵ）」を結成したのであろうか。

ＥＵ結成には、アメリカが衰退した事情を無視できない。戦後の復興期に西ヨーロッパの再建のために巨費を投入したアメリカも、その後は国家財政の面では軍事費や宇宙開発費がかさみ、国内産業の面では「物づくり」では稼ぐことができない国になり、もっぱら「物づくり」のわき役であったはずの「金融」に軸足を移してきた。二〇年ほど前までは、アメリカの企業が稼ぐ利益の半分は製造業であったが、今ではそれが三割にまで落ち込んでいる。

金融業は、少数の頭脳労働者とコンピューターがあればいい。製造業に従事していた多くの労働者は職を失い、分厚かった中間層が「吸い尽くされたスルメ」のごとく最下層に落ち、「吸い尽くした金持ち」は富豪や大富豪になった。貧者は職を失い、住む家を失い、車を売り払い、病気になっても治療は受けられず、この国の経済を支える力を失ったのである。国内経済が立ちゆかなくなってきた。

8　アメリカの衰退とヨーロッパの危機感

稼ぐ力を失ったアメリカ企業には投資家も集まらない。しかし、資本は世界中からアメリカに集まってくる。行き場を失ったアメリカの資本は、コンピューター操作だけで荒稼ぎしようとして世界の経済を混乱に陥れている。向かう先は、資本の蓄積の大きいヨーロッパと巨額の金融資産を持っているアジア諸国である。戦後の長い間友好関係を築いてきた西ヨーロッパ諸国も例外ではない。

アメリカが狙っているのは、資金、有価証券などの金融資産を持っている国・国民だけではない。エネルギー（石油、ガスなど）を持っている国、米やトウモロコシ、麦、サトウキビなどの食料が採れる国、レアメタル・レアアースが豊富な国、さらには水資源を持っている国もターゲットにされている。アメリカが、資源を求めて、ヨーロッパの足元、イラクとかアフガンのようなイスラム圏の国に、自分勝手とも思える理由をつけて軍隊を派遣してくるようになると、アメリカがいつ自分たちの敵になるのか分からない。

時代の流れが「小さな政府」に向かっているときに、経済力も宗教も言語も人種も歴史も違う国々が小異どころか大異までも捨てて、ＥＵという「大きな政府」で団結したのは、「対アメリカ」という「ヨーロッパの利害」で一致したからに他ならない。結成したばかりのＥＵでは、アメリカに対抗できるだけの政治力・経済力をつけるために、統一通貨（ユーロ）を発行し、アメリカに対抗できるだけの資本市場（ロンドン、フランクフルトなど）を強化し、さらに域内の市場で使う統一的な会計基準を整備する必要があったのである。

しかし、ＥＵには自国経済の運営の仕方も資本の集め方も企業集団の形成の仕方も違う国々があり、そう簡単には「ＥＵのための会計基準」を作ることはできない。そこで注目されたのが、前章で詳しく紹介したように、世界中の主要な会計士団体が会計基準の標準化を目指して文書化していた国際会計基準（ＩＡＳ）であった。

こうしたことから、国際会計基準は、ＥＵの会計基準として、アメリカの会計基準に対抗する目的で開発されてきた。開発をリードしてきたのは、ＥＵ最大の資本市場（ロンドン）を持つイギリスである。そのイギリスが、ＥＵから離脱するというのである。それがＥＵの会計基準、国際会計基準にどのような影響を持つかは、前章で紹介したとおりである。

第3章
原則主義では会計はできない！

1　ＩＦＲＳ採用国が半減する
2　日本にもアメリカにもない「原則主義」
3　原則主義は「歴史の皮肉」
4　増える「グレーの会計報告」
5　原則主義で会計ができるか？
6　イギリス会計の知恵
7　日本にはない「資産負債アプローチ」
8　ヒックス「経済学的利益」概念の誤用
9　イギリスの解決法

1　ＩＦＲＳ採用国が半減する

前々章と前章の二回にわたって、イギリスのＥＵ離脱（Brexit、イギリス（Britain）とexitを組み合わせて、イギリスのＥＵ離脱を表現。ブリグジット、ブレグジットなどと発音）が国際会計基準（ＩＦＲＳ）を崩壊に導く恐れが高いことを紹介した。そこでは、ＥＵが独自の会計基準を必要とする理由、しかし、資本市場のための会計基準を設定する経験は独仏にはなく、ＥＵ圏内の基準設定についてはイギリスに主導権を引き渡さざるを得なかったこと、そのイギリスがＥＵから離脱する道を選択したことによって、今後、ＩＦＲＳの開発・設定に当たってイギリスを頼りにすることができなくなったこと、を明らかにした。

イギリスがＥＵから離脱し、それに伴ってＩＦＲＳの設定主体であるＩＡＳＢ（国際会計基準審議会）から距離を置くようになれば、イギリスの誘いに応じてＩＦＲＳ採用国の旗を揚げてきたコモンウェルス諸国（ＩＦＲＳを採用していると公言しているのは五五か国）も、ＩＡＳＢから、そしてＩＦＲＳからも距離を置くようになるであろう。そうなると、ＩＦＲＳを採用していると公言している国は、一気に半減する。

ＩＦＲＳという名称は、すでに紹介したように、イギリスの会計基準（財務報告基準。ＦＲ

S）の名称に、国際のIをつけたものである。IASBも、イギリスの基準設定主体である会計基準審議会（ASB）にIをつけたものである。このネーミングからして、イギリス会計基準の国際版化、あるいは、「イギリス会計基準こそ、世界の会計基準なり」を宣言しているようなところがある。そんないわくつきの名称を、EUに残留する独仏が使い続けるであろうか。

それは単に名称であって、基準の中身は世界の国々で相談して決めてきた、といった反論はあろう。確かに、細かいところは、IASBが各国の規制機関や諸団体の意見を取り入れて調整してきたであろうが、IFRSの根幹にある会計観、IFRSを支配する会計思考はイギリス会計に固有のものであり、これまでアメリカがIFRS採用に踏み切れなかった一番大きな原因も、このイギリス固有の会計思考（の一部、特に原則主義）を受容できなかったからである。これの詳細については後述する。

本章では、IFRSの根底に流れるイギリス固有の会計思考を紹介し、イギリスが抜けた後のIASBにはIFRSの開発・設定に必要な技術的・理論的・実務的な資産がなく、さらには、現行のIFRSからイギリス固有の会計思考を削除しようとすれば、会計基準としての体裁を失うばかりか、EUが一番嫌ってきたアメリカの会計基準を準用せざるを得なくなることを明らかにする。

IFRSを支配するイギリス固有の会計思考とは、次の四つである。

（1）　原則主義
（2）　資産負債アプローチ
（3）　実質優先主義
（4）　離脱規定
このうち本章は、（1）と（2）を紹介し、（3）と（4）については次章で検討することにする。

2　日本にもアメリカにもない「原則主義」

会計基準の設定における基本的な考え方として、「原則主義（プリンシプル・ベース）」と「細則主義（ルール・ベース）」がある。原則主義とは、会計基準を設定するときに細かなルールを定めずに、基本的な原理原則（プリンシプル）だけを決め、それを実務に適用するときは各企業が置かれている状況に応じて、設定された基準の趣旨に即して解釈・適用するというものである。他方、細則主義は、できるだけ解釈の幅を狭くするために細かなルールを設定し、行われる実務を統一しようとするものである。

原則主義において細かなルールを設定しないのは、成文化される会計基準は守るべき最低限のルールであって、そこに書かれているルールを守っただけでは必ずしも基準の目的が達成できるわけではない、といった考え方を採るからである。企業が置かれる状況は多様であり常に変化する。そうした状況にオールラウンドに対応できるルールを、事前に決めるということは不可能と言ってよい。

そこで、基準としては、多くの企業に該当すると考えられる会計処理・報告等や基本的な考え方を示すにとどめ、実際に実務に基準を適用するときは、各企業の特殊性や報告面での工夫を尊重するのである。イギリス特有の会計観と言ってよい。同じコモン・ローの国であっても、アメリカにはこうした会計観はない。

原則主義とか細則主義という言葉が会計の世界で使われるようになったのは、実は、最近のことである。なぜ、原則主義とか細則主義とか区別されるようになったのかと言えば、ＩＡＳ・ＩＦＲＳに定める会計基準が非常におおざっぱで、多くの国が違和感を覚えたことにある。ＩＡＳＣ・ＩＡＳＢとしては、「イギリス式の会計観」だという説明ができないために、おおざっぱな会計基準に「原則主義」という説明をつけたのである。

それまで、会計の世界で原則主義とか細則主義といった話は出てこなかった。会計基準と言えば、イギリス（と、コモンウェルス諸国）以外は、どこの国の基準も、今でいう細則主義だったのである。アメリカも日本も、ドイツもフランスも細則主義で会計基準を設定してきた。ただそれを「細則主義」と呼ばなかっただけである。会計基準はルール・ベースで決めるのが当然であったから、それに名称をつける必要がなかった。IFRSが（つまり、イギリスが）「原則主義」を主張したために、各国の基準に「細則主義」という呼称がつけられたにすぎない。

3 原則主義は「歴史の皮肉」

金融庁で国際会計基準の導入問題を担当していた黒澤利武氏は、IFRSが原則主義を採るのは「歴史の皮肉」だとして、次のように言う。

「IASBの前身たるIASCが開発した国際会計基準（IAS）は、精緻な米国基準と比べて、大雑把すぎて実用に耐えないと批判されることがあった。これが、IASBに引き継がれ、IFRSという目新しい包装紙に包み直された途端、中身はさして変わっていないにもかかわらず、『原則主義』に基づくものとして急に評価されるようになった。曰く、原則主義の方が多様な状況にある諸外国において採用するのに都合がよい、また、会計士の職業的判断を尊重する意味でも優れている、と。IFRSは、原則主義であるが故に、細目主義の米国基準より優れているという話になってしまったのである。」（黒澤利武『季刊会計基準』二〇〇八年九月（第二二

号)、税務研究会)

表面的な説明を聞けば、原則主義にはどこか合理的な感じがあるが、黒澤氏が言うように、実態は違う。すでに各国はそれぞれの会計基準を持っており、それを捨てて新しい基準に乗り換えるのである。もしも、新しい会計基準(IFRS)が細則主義で設定されるならば、これまでの自国基準との相違は詳細かつ膨大なものになろう。国によっては、IFRSの一部が受け入れ難いということもあろうし、選択肢を広げてほしいといった要望も出てくるであろう。IFRSが細則主義を採用すれば、「原則賛成、各論反対」という国が続出しかねないのである。

そこでIFRSとしては、各国が賛成できる部分だけを切り取って基準とするしか、ほかに方法がなかったのである。こうして国際的汎用性を持つことを最優先してIFRSは取りまとめられた。

日本やアメリカは、「法や会計基準に書いてあることをすべて順守すれば財務報告の目的は達成される」といった理解をする。細則主義を採ると、いきおい、法や基準には細かなことまで書かざるを得ない。日本の会計規範(会社法などの法令を含む)は、書物にして四、八〇〇頁程度であるが、同じ細則主義を採るアメリカの会計基準(US-GAAP)は二五、〇〇〇頁にもなるという。その点、IFRSは書物にして二、五〇〇頁程度(薄手の紙なら一冊に収まる)にしかならない（日本語訳にしても三、五〇〇頁程度である）。

4　増える「グレーの会計報告」

現在、何らかの形でＩＦＲＳを採用・許容している国・地区が一二〇を超えるという。その理由は二つある。一つは、前々章に書いたように、イギリスがコモンウェルス（イギリス連邦）諸国にＩＦＲＳの採用を呼び掛けたからである。イギリスの呼び掛けに応じた五五か国ほどの国々は、イギリスがＥＵから離脱しＩＡＳＢ・ＩＦＲＳから距離を置くようになれば、イギリスに同調することは間違いない。そうなると、ＩＦＲＳ採用国は半減する。

もう一つの理由は、ＩＦＲＳの原則主義にある。細かなことまで決められると、国ごとの経済・政治・宗教・歴史等々が違うことから、ルールによっては順守・準拠できないものが出てくるであろうが、原則主義によって許容幅の広い、選択肢の多いルールが設定されるのであれば、国ごとの特殊性や「願望」を取り込むことができる。多くの国がＩＦＲＳを採用・許容するのは、こうした原則主義の「自由度の高さ」にある。

財務報告の自由度が高まれば、各企業は、自分が置かれた実態にとって不都合な細かなルールに縛られることもなく、自らが「最適」と考える実務を採用できるようになる。その反面、必ずしも適切とは言い難い、むしろグレーと言えるような実務が横行する危険性が高まるであろう。

右に紹介した黒澤利武氏も、次のように危惧を表明している。

「同じ会計基準から異なった会計処理が導かれ得るという状況は、基準設定主体にとってはともかく、投資家や執行当局などにとっては耐え難い不安定さを意味する場合がある。」

「現実にはＩＦＲＳの名のもとに多数かつ多様な基準を包含し、さらに多数かつ多様な解釈を許容するものだとすると……もはや一つの言語ではあるまい。」（黒澤利武、前掲）。

ここで黒澤氏が「もはや一つの言語ではあるまい」と言っているのは、ＩＦＲＳが「世界で唯一にして共通の会計基準（the single set of global standards）」を究極の目標として標榜しているが、設定される基準の解釈も適用もバラバラであれば、砂上楼閣にすぎないことを指摘しているのである。

原則主義は、イギリスでは伝統的な会計観であるが、アメリカや日本は細則主義を採ってきたために、原則主義にはなじみがない。ドイツ、フランスも細則主義、つまり、会計に関しては原則的な規定はもとより、それを適用するための詳細な規則を定めてきた。

5 原則主義で会計ができるか？

なぜ、日本やアメリカなどの多くの国で細則主義が採られているのか。それは、実は、原則主義（だけ）では財務報告ができないと考えるからである。

ゴルフの話をする。ゴルフは、セルフ・ジャッジのスポーツであり、成績は自己申告する。一般に企業の会計も同じである。一年間の経営成績と期末の財務状態（財政状態）は企業が自ら計算して、株主などの関係者に報告する。大企業の場合は、外部監査（公認会計士や監査法人によるチェック）が入るとはいえ、基本的な会計のあり方は「私的自治」であり、一次的な計算と報告は企業自らの責任で行う。

そのゴルフであるが、詳細なルールブックがある（最近も、バンカーからの処理などが改訂されている。ゴルファーの皆さん、ご注意を）。テニスにも、野球にも、詳細なルールブックがある。詳細なルールブックがないと、ゲームの途中でたびたび協議が行われることになったり、試合ごとに結論が変わったりして、プレーヤーも観客も納得しない。

今、ゴルフのルールが三つしかないとしよう。この話はあちこちで書いているので、すでにほかのところでお読みいただいた方は飛ばして読んでいただきたい。ゴルフを三つしかないルールでプレーするのである。原則主義である。どんなルールになるであろうか。第一のルールは、たぶん、「セルフ・ジャッジ」の規定であろう。第二のルールは、「クラブとボール」に関する規定になろうか。

第三のルールは、きっと「ルールにないことは、フェア・プレーの精神でプレーすること」になるであろう。細則主義の場合は、ほとんどのことがルール化されているが、原則主義では原理原則とかルールの考え方しか書いていない。したがって、「書いていない場合」にどうするかを決めておく必要がある。そうした場合、イギリスの会計では、有名な「真実かつ公正な概観(true and fair view)」を確保することが求められている。ゴルフの場合であれば、「本当のことを申告する」「フェアな精神でプレーする」ということになろう。

ゴルフのルールがこの三つしかないとすれば、どんなプレーが行われるであろうか。何がアンフェアで、そのペナルティは何打かもルールにはない。誤球(間違えて他のプレーヤーのボールを打った)のペナルティも決まっていない。ルールブックに書いてあるのは、「書いていないことはフェア・プレーの精神で」だけである。

ところがフェアとかアンフェアの観念は、アジア人にはよく分からない。高校野球の全国大会などでは、選手代表が「フェア・プレーの精神に則って、正々堂々と戦います」などと宣言しているが、いざ試合となったら、どんなに点差が開いていようともバントはするし盗塁もする。アメリカ人の感覚からすれば、日本の高校野球はアンフェアの塊みたいなものかもしれない（武士道はどこへ行ったのか）。

要するに、第三のルールとして「フェア」を持ち込まれても、何がフェアで何がアンフェアかは、私たち（アングロ・サクソン以外の人々）には分からないか、別のフェア・アンフェアの理解をしているのである。原則主義などというと何となく斬新的で先進的なイメージになるが、いざ実践してみれば、まさにセルフ・ジャッジの、なんでもＯＫの世界になってしまいかねないのである。

6 イギリス会計の知恵

では、なぜ、イギリスが原則主義の下で世界をリードする会計を構築することができたのであろうか。イギリスでは、原則主義に立脚する会計基準（ルールブック）を適用するに当たっては、ルールをそのまま適用しても経営者の責任を全うしたことにはならず、経営者が自分の会社の実態を正しく（true）、公正に（fair）処理・表示する方法を自分の判断で選択することが求められている。結果として経営者が選択した方法が会社法や会計基準に違反していようとも、経営の実態を表すことを優先するのである。これを「実質優先原則」という。

つまり、会社法や会計基準の規定のとおりに処理しても自社の経営成績や財務状態の「真実かつ公正な概観」を確保できないこともあるはずで、経営者がそう判断したときは、法や基準の規定を適用してはならず、これらから「離脱」して、経営者が最も適切と考える処理を適用しなければならない。これを「離脱規定」という。

結論めいたことを先に書くと、上に紹介した「原則主義」とこれから紹介する「資産負債アプローチ」は、実は、両立しないのである。わが国ではそのことがほとんど理解されていない。日本は、原則主義の経験もなく、資産負債アプローチの経験もないために、この二つの会計思考をばらばらに頭の中だけで理解する。両者が矛盾・対立することに気がつかないのだ。

原則主義の国・イギリスでは、この矛盾する二つのコンセプトを「実質優先原則」と「離脱規定」という仕組みで結合させることによって成り立っている。だから、イギリスの会計も今のIFRSの会計も、この四つのコンセプトの一つでも欠ければ、ルールブックとしては成り立っても実務は成り立たなくなるのである。

「実質優先原則」と「離脱規定」については、次章で詳しく紹介したい。以下では、原則主義と同じく、日本の会計にはないが、イギリスの会計観の基礎にある「資産負債アプローチ」を紹介しよう。

7　日本にはない「資産負債アプローチ」

日本の会計界が初めて遭遇するのは、「未体験の原則主義」だけではない。世界の会計界は、少なくともこの七〇年間以上（アメリカの大恐慌以降といってもよい）にわたり、同じ会計観を共有してきた。それは、ある一定期間の利益を計算するときに、その期間の収益（売上高）から費用を差し引いて、残高として利益を計算するというものであった。会計のテキストには、「損益法」、「収益費用アプローチ」などという名前で紹介されている。

「何だ、そんなことは簿記をかじった者なら誰でも知っている」「簿記の最初に習うことじゃないか」と言われそうである。「会計観」などと大げさに言うほどのことでもない、とも言われそうである。確かに、収益（売上高）から費用を差し引いて利益を計算するのは、簿記が発明されてから五〇〇年の間、基本的には変わっていない。

ところが、この計算方式には、いくつかの問題がある。一つは、しろうと分かりしないということである。「ある期間の収益を実現主義で測定し、その収益を獲得するのに要した費用を発生主義で測定し、差額として期間利益を計算する」と言われても、会計の知識がなければ何のことを言っているのか理解できない。ここでいう「収益」も「費用」も、日常の生活での用語法と違う。普段の用語としては収益と費用の「期間帰属」であるとか「発生・実現」などが話題になることもないが、会計の世界では、収益・費用の期間帰属と発生・実現は最も重要なコンセプトである。東芝の粉飾では、まさしく収益や費用を計上する時期をごまかし、生まれてもいない利益を「実現」したものとごまかして計上したものである。この計算方式は、しろうと分かりしないだけではなく、操作されやすいのだ。

実は、もう一つ、利益を計算する方法がある。それは、期首と期末の財産（純資産）を比べて、財産（純資産）が増えていれば、増えた分を利益とする方法である。いわゆる「財産法」である。これを最近では「資産負債アプローチ」「資産負債法」と呼んでいる。用語としては新しい装いをしているが、実は、八〇年ほど昔はヨーロッパでもアメリカでも支配的な会計方式であり、わが国の会計学テキストで「純財産増加説」と紹介されていた考え方と基本的に同じである。

この資産負債アプローチは、貸借対照表を重視するもので、アメリカが大恐慌を引き起こすまでは財産の増減をもって事業の成績を評価していた（当時はまだ会計基準もなく、監査制度もなく、定期的な会計報告もなかった）。大恐慌を経験して分かったことは、貸借対照表から中長期の企業収益力を読むことができない、ということであった。そのために次第に損益計算書を重視する会計、収益費用アプローチに移行したのである。戦後、わが国がアメリカの会計を「輸入」し、企業会計原則や原価計算基準などを制度化したが、それはちょうど、アメリカが収益費用アプローチに基づく会計思考を構築し、それを基準化した時期に符合する。その後は、アメリカも日本も、損益計算書重視、取得原価主義、収益実現主義の会計であった。

ところが、しばらくしてアメリカ会計界が「嵐の六〇年代(Stormy 60's)」に突入するのである。収益費用アプローチに基づくアメリカの会計基準(当時は、アメリカ公認会計士協会が設定主体であった)が経営者寄りであったり抜け道だらけであったり、また基準の裏をかいくぐる実務が横行し、政府(SEC。日本の金融庁に相当)が会計基準の設定に乗り出すかのような姿勢を見せたのである。

英米では、会計基準を専門家集団である会計プロフェッション(会計士の団体)が設定してきた。それが、政府から、適切な会計基準を設定することができないなら政府が基準を設定するという「脅かし」を受けたのである。基準の設定を政府に取って代わられることは、会計プロフェッションにとって、専門家集団としての能力を疑われることであり、屈辱的なことである。

そのために、アメリカの会計プロフェッション(公認会計士協会)は、会計士団体からも産業界からも一定の距離を置いた組織として財務会計基準審議会(FASB)を立ち上げ、そこに会計基準の設定を委ねることにしたのである。FASBは、操作されやすいとされる収益費用アプローチを継続すれば政府(SEC)の意向に反することから、これを捨てて、軸足を資産負債アプローチに移したのである。

資産負債アプローチ（資産負債法とも呼ぶ）を簡単に紹介すれば、期首と期末の財産（負債を返済したとすれば企業に残る純資産）の額を比較して、純資産が増えていれば利益、減っていれば損失とする計算方式である。サイフが重くなっていれば利益、軽くなっていれば損失とするのであるから、実にしろうと分かりする、もっと言えば、子供にも分かる計算である。SECもFASBも、この計算式なら誰もが納得するし、操作されにくい、と考えたのである。

実は、とんでもない誤解であった。

8 ヒックス「経済学的利益」概念の誤用

FASBの念頭にあったのは、イギリスの経済学者、J・R・ヒックスが検討した「所得概念」であった。急いで付け加えるが、この所得概念はヒックスが正論として主張したのではない。実はヒックスはこの概念を使えないとして棄却していたのである。しかし、何を読んだのか（読まなかったのか）日本の、いや世界の会計学者の多くは、ヒックスが検討の俎上に載せた「所得概念」を「経済学的利益概念」と「誤解」したまま、数多くの論文を書いてきた。経済学者からすれば、まさしく「噴飯もの」であろう。いや、経済学者は会計学者の論文などは読まないから、「誤解」がばれていないだけの話かもしれない。

ヒックスが検討した所得概念はあまりにも有名なので紹介するのも気おくれするが、資産負債アプローチの出発点であることは間違いないと思われるので、簡単に紹介する。ヒックスは、個人の所得の中心的意味を「ある人の所得とは、彼が一週間のうちに消費し得て、しかも週末における彼の経済状態が週初におけると同一であることを期待しうるような最大額」（安井琢磨・熊谷尚夫訳『価値と資本』岩波現代叢書、一九五一年、第一四章）だとしている。

サラリーマンでいえば、「今月の給料を貰って、来月の給料日まで『持ち出し』せずに使える最大額」あたりであろう。実に分かりやすい。会計学などといった理論も要らない。期首と期末に、持っている純資産を数えるだけであるから、きっと複式簿記などという大掛かりな記録・計算システムも、無ければ無いで済みそうである。

アメリカのFASBもSECも、「一流の経済学者が『主張』する所得概念」をベースとした資産負債アプローチを会計基準開発の切り札としたのである。しかし、資産負債アプローチには、会計にとって「落とし穴」があった。それまで会計の仕事は、「収益と費用を測定」することであったが、資産負債アプローチでは、「資産と負債を測定（評価）」することに変わったのである。収益と費用は、いわば「フロー」であるが、資産と負債は「ストック」である。これまでの経験が役に立たない。

実務家や会計士にとって一番大きな問題は、「ストックの評価」つまり、「資産と負債の金額決定」である。企業が所有する資産（と負債）が貨幣性のものだけであれば評価は難しくない（相対《あいたい》のデリバティブは、評価が難しいのを通り越しているが）。しかし、価格変動が激しい原材料（たとえば、石油、小豆、トウモロコシなど）、製造途中の製品（仕掛品、半製品）、上場していない株式、上場している株式、破綻がうわさされる会社への売掛金、今は使っていない工場の用地……などは、評価が難しい。少なくとも、これまでの会計の経験とか常識はあまり役に立たない。

すぐにでも売れると予想して仕入れた商品が期末に残っていれば、貸借対照表にいくらと書くのがいいのか。仕入れた価格で書けばいいのか、それとも売れそうな金額で書くべきか。前者による会計を「取得原価主義会計」、後者による会計を「時価主義会計」と呼ぶ。単に資産負債アプローチといっても、一つではないのだ。

アメリカのＦＡＳＢは、前者（原価主義）による資産負債アプローチを選択した（後になって、一部の金融資産・負債を時価で評価することにするが）。アメリカが、一九二九年の世界大恐慌を引き起こした原因が後者（資産の時価主義）の会計であったと考えられたことから、時価主義による資産負債アプローチを採用する余地はなかった（アメリカの会計が大恐慌を境に大変革を遂げた事情については、かなり古い文献ではあるが、山桝忠恕『アメリカ財務会計』中央経済社、一九五三年、第一部第一章と第二章を読まれたい）。

アメリカがＩＦＲＳを採用できない理由の一つは、ＩＦＲＳが後者（時価主義）による資産負債アプローチを採っていることにある。同じ資産負債アプローチとはいえ、全面的に時価を使った会計で国を（いや、世界を）どん底に落とし込んだことを忘れていないのだ。

資産負債アプローチの「長所」と言われているのは、右に紹介したように、分かりやすさであろうが、「欠点」は、そこで作成される財務諸表からは企業の収益力が読めないということである。これは致命的と言ってよい。もう一つ、会計学者にとって無視できないのは、会計理論が要らない、ということである。期首と期末の資産と負債を評価して比較するだけのことであるから、会計の命ともいうべき「継続的な記録」も「集計」も「分類」も要らない。必要なのは、資産と負債を評価する方法だけである。

資産と負債を評価するとなると、膨大な分量のルールが必要になる。アメリカの会計基準（ＵＳ－ＧＡＡＰ）が二五、〇〇〇頁という膨大な分量になるのは、資産負債アプローチを採るからである。しかも、ＩＦＲＳの会計は全面時価評価による会計を目指してきた。すべての資産負債を時価で評価しようとすれば、そのルールはＵＳ－ＧＡＡＰをはるかに超えた分量になるに違いない。

9 イギリスの解決法

これまで、ＩＦＲＳが採用する二つの会計観（原則主義と資産負債アプローチ）を説明してきたが、読者諸賢には原則主義と資産負債アプローチは矛盾することに気づかれたのではなかろうか。原則主義が原理原則、考え方を決めるにとどめるのに対して、資産負債アプローチは評価の細則、それも膨大な分量の細則を設けないと適用できないのだ。この二つは両立するものではない。アメリカが資産負債アプローチに傾斜しながら、資産の評価基準として「フェア・バリュー（公正価値）」といった経営者の自由になる「何でもあり」のルールしか持たなかったことが、今回の金融危機の一因であったことを忘れてはならない。

原則主義と資産負債アプローチが矛盾する……ということを理解していただけたとして、一つ、疑問が残るのではなかろうか。その疑問とは、この二つの会計思考が矛盾するとすれば、いったいイギリスではこの問題をどのようにして解決してきたかということである。

原則主義と資産負債アプローチを採るＩＦＲＳにとって、この矛盾を解消しない限り、「a single set of accounting standards」を主張できない。次章では、この矛盾を解くカギとしての「実質優先原則」と「離脱規定」を取り上げる。この二つのファクターは、英米はじめ、コモン・ロー諸国で幅広く採用される会計思考であるが、ドイツ、フランス、日本などの大陸法系の国々ではなじみがない。

第4章

原則主義と資産負債アプローチの矛盾

―離脱規定と実質優先主義―

1　イギリス色を消せるか？

前章では、ＩＦＲＳの根底に流れる会計思考としての二つのコンセプトを紹介した。「原則主義」と「資産負債アプローチ」である。「原則主義」はイギリス会計に固有のものであり、同じ資本市場を前提とした会計制度を持つアメリカの会計にも日本の会計にもない思考である。「資産負債アプローチ」もイギリス会計に固有のものであるが前章で紹介したような事情から、アメリカでも使われるようになった。いずれの会計思考もコンツェルンのためのドイツ会計にも国家のためのフランス会計にもない。ところが、ＩＦＲＳには、このイギリス固有の会計観が採用されているのである。

これが大問題なのである。イギリスがＥＵから離脱するということは、経済・人（移民）だけではなく、会計の世界でもいずれＥＵがイギリスを排除するか、イギリスがＥＵから離脱するということである。イギリスが固有の会計思考を下にリードして開発・設定してきたＩＦＲＳである。ＥＵに残る独仏が「イギリス色に染まったＩＦＲＳ」を使い続けることがどれほど屈辱的なことか、考えるまでもない。

それではＥＵは、ＩＦＲＳの根底に流れる「原則主義」と「資産負債アプローチ」をどうするであろうか。イギリス固有の会計思考を使い続けることが屈辱的だとすれば、この会計思考をIFRSから排除することができるであろうか。使い続けることにすれば、困ったことが起きる。EUに残る独仏には、原則主義と資産負債アプローチで会計基準を開発した経験がない。両国とも、資本市場でディスクロージャーのために使う会計基準を開発するという意識が希薄であるから、これまでもIFRSの開発・設定はイギリスに任せてきたのである。

では、IFRSからイギリスの会計観を排除することができるであろうか。IFRSからイギリス色を消すとすれば、この二つの会計思考だけではない。本章のテーマである「実質優先主義」と「離脱規定」という会計思考も独仏の会計にはない考え方であるから、これらもIFRSから除去しなければならない（ただし、後述するように、この二つは英米など英語圏では広く受け入れられている）。

2 「評価」は会計の鬼門

原則主義と細則主義の話に戻る。

アメリカも日本も、ルールの設定においては網羅的かつ詳細な内容を持つことを特徴とする。つまり、細則主義である。また、日本は、損益の計算方法としては、資産負債アプローチではなく、「収益費用アプローチ」を採用してきた。ＩＦＲＳの会計観とはまるで違うのである。

ところで、前章の最後に、「資産負債アプローチ」と「原則主義」は両立しないということを書いた。原則主義は、原理原則、考え方を成文化して示すにとどめるのに対して、資産負債アプローチは評価の細則、それも膨大な分量の細則を設けないと適用できないのだ。有価証券の評価、棚卸資産の評価、不動産の評価、負債の評価、のれんの評価……どれ一つとっても、厚手の書物一冊や二冊では収まらないほどの評価ルールを設定しなければならない。

またどれ一つとっても、経営者や会計士の手に余る。会計士は、資格取得の試験でもその後の実務でも、「原価の配分」「原価評価（つまり評価しない）」を専門としてきたのであり、こと評価（特にＩＦＲＳのいうフェア・バリューあるいは時価による評価）については、ほとんど専門外といってよい。その方面にはアクチュアリーとか不動産鑑定士、証券アナリストなどのプロがいるが、そうしたプロには会計士の資格がない。では、両者が一緒にやればいいではないかと私は思うのであるが、日本にはそういう「協同」「協働」の文化がない。

いつも私がこうしたことを書くものだから、会計士の皆さんの評判が悪い。いや、悪いでは済まない。すこぶる悪い。身から出た錆だとあきらめてはいるが。しかし、わが国の会計実務書で、不動産・債務・金融商品・デリバティブ、のれんなどの「評価」について詳論しているものを見たことがない。もちろん、学者が書く本では「評価」の話はタブーに近い。精々が会計基準に書いてあることを紹介するだけである。その会計基準もあまりあてにならない。

たとえば、社内不正の温床は、現金（その他の同等物）と棚卸資産であるが、棚卸資産の評価に関する会計基準（企業会計基準委員会企業会計基準第九号「棚卸資産の評価に関する会計基準」）は、書物にして二頁ほどしかない。用語の定義や開示の基準、適用時期等を入れても五頁程度である。最近の会計基準には「結論の背景」や「参考」（計算例など）が載っているが、これらを含めても二四頁ほどである。

棚卸資産ほど種類の多い資産はない。その種類ごとに原材料が違い、仕入市場と販売市場が違い、競争関係が違う。それを無視して、一律に「商品」として評価のルールを決めるとすれば、要は、評価は各企業に任せることになろう。そこで、東芝の事件が起きたともいえる（東芝の「会計不正の手口」については、田中 弘『GDPも純利益も悪徳で栄える―「賢者の会計学」と「愚者の会計学」』税務経理協会、二〇一六年、第一〇章、第一一章で紹介した）。

3 会計学者は何をしてきたか

これまでは、資産の会計は「原価の配分」であったから、各期に配分する金額もその合計金額も、取得原価がリミッター（上限）として機能していた。操作しようにも、原価を配分する年数

（期間費用の額）か期末の原価配分額（原価以下）くらいで、それも数年もすれば取得原価の枠内に収束する。これまでの会計で「評価」という表現が使われたのは「棚卸資産の期末評価」くらいで、固定資産であればストレートに原価配分（減価償却）と呼ばれた。棚卸資産の期末「評価」にしても、陳腐化、品質低下、棚卸減耗、低価評価であり、取得原価を当期分と次期以降分に「配分」するものである。取得原価を超えて「評価」することはない。

つまり、会計の世界では、これまで「配分」（資産も収益・費用も）が仕事であり、「評価」は「会計の仕事ではない」としてきた。少なくとも、日本では、戦後の七〇年間にわたって、「会計＝配分論」の下に、「投下資本の回収計算」「回収余剰としての利益の計算」を会計の使命としてきた（アメリカは、一九三〇年代から）。

そうした会計方式の理論を組み立て、教室で教育に携わってきたのは、言うまでもなく、会計学者である。少し、日本の会計学者の話を書く。日本の会計学者は、一、三〇〇名ほどであろう。日本会計研究学会（会計関係の学会はいくつかあるが、その親分みたいな学会）の会員は平成二九年三月末現在で一七九九名である。その中には、大学院生、会計士や税理士などの実務家、会計を専門としない人（経営学者など）もたくさんいる。

「会計学者」と呼べる人がこの学会で何人いるかはよく分からないが、日本の会計学者で「評価」を得意としている方がいるかどうか、これもよく分からない。資産の評価であれ負債の評価であれ、金融資産の評価であれ、不動産の評価であれ、デリバティブの評価であれ、のれんの評価であれ、それを得意としている会計学者、それを専門としている会計学者には、私の世界が狭いのか、お目にかかったことがない。

学者の研究が遅れているとか、学者の研究領域が狭いという批判はあろう。しかし、多くの会計学者は正直である。自分がこれまで受けてきた会計教育にも、自分が教室で教えてきた会計教育にも、「評価」はほとんど顔を出してこなかった。時代が「ＩＦＲＳの時代」、「時価主義の時代」、「時価評価の時代」になったと言われて急に「評価」に飛びつくといったはしたないことは、会計学者はしない。臆病だともいえるが、学者が時流に流されるようでは「学問」はできない。

それは世界中どこでも変わらないのは、会計関係の論文や出版物を眺めるとわかる。会計のように「保守的」であることを身上としていることを研究する以上、身の程をわきまえて臆病でなければならない（その点、どうも私は、しばしば身の程をわきまえず、「蛮勇」をふるってしまうが）。

4　実質優先主義

そろそろ、本題に入らないといけない。本題の一つは、「実質優先主義」である。この言葉をご存じの読者は、きっと、大変な勉強家であると思う。この思考を紹介した会計のテキストはほとんどない。武田隆二教授の『最新財務諸表論』にも伊藤邦雄教授の『新・現代会計入門』にも、この用語は出てこない（私の手元にある武田教授のテキストが最新版ではないので、その後のバージョンで登場しているかもしれないが）。私が書いた八〇〇頁を超える『新財務諸表論（第五版）』（税務経理協会）でも紹介していない。

実質優先主義（実質優先原則）が紹介・解説されているのは、多くは会計学の辞典か雑誌論文である。会計学辞典や雑誌論文を手にされるのは、相当の勉強家であろう。敬意を表したい。まずは、そうした辞典や論文で書かれていることを紹介したい。

会計の世界では、しばしば、法の形式よりも経済的実質を優先させて会計処理・報告をすべきだということが謳《うた》われている。こうした考え方を「実質優先主義」とか「実質優先原則」という。英語では、Substance over Formという。

最初に、この原則に関する一般的な解釈を紹介する。

法はルールの安定性（コロコロ変わらないこと）を求めるために、形式を重んじる。そこで取引や事実の実質よりも外形を重視した規定を設けることがある。たとえば、ある取引が、経済的に見ると資産の売買（あるいは資金の貸し借り）であるが、法的にみると所有権が移転しないために、資産の売買ではなく資産の貸借として理解されるとしよう。ファイナンス・リース取引は、しばしばこうした形を取ってきた（ここは英米の話である。日本のことは後述する）。

このとき、法の考えに従えば、この取引は資産の売買ではなく資産の貸借として処理される。しかし、経済的実質は、資産（リース資産）の売買である。そこで、会計では、法の形式（資産の貸借）よりも経済的実質を優先して、資産の売買として処理する、というのである。

法の形式主義にうんざりしてきた者にとっては、「してやったり」と思わせることであるが、では、経済的実質を開示することを理由に、法を破ることが許されるのであろうか。

5　真実かつ公正な概観

イギリスの、そしてＩＦＲＳの会計思考の根幹に流れるのは、コモン・ローの法思考である。この国では、立法者も会計基準設定者も、成文化されるルールというものは必ずしも完全なものでも網羅的なものでもなく、状況と時代の変化によって不適切となることもあることを十分に認識している。

したがって会社法や会計基準を適用するに当たっては、個々の要件を現時点の当該状況に適用することが適切であるかどうか、もっと適切な方法はないかどうか、法や基準が定める開示情報だけで十分かどうか、もしも不十分だとすればいかなる追加情報を開示するべきか、などの諸点を「真実かつ公正な概観（true and fair view）」という法の目的に照らして慎重に検討しなければならない。それも、毎期、毎期のことである。イギリスでは、「継続適用」は免罪符にならない。あくまでも、前期に採用した方法が当期においても最善と認められた場合に、結果として、継続適用されるのである。

イギリスが細則主義を採らない理由がここにある。こと細かいルールブックを作るよりも、原則の趣旨や目的を理解して、自社に最も適した方法を考えることを要求するのである。その結果採択される方法は、必ずしもルールブックを作ったとすれば列挙されるはずの方法とは限らない。

そう考えると、イギリスの会計基準もＩＦＲＳも、会計基準をストライクゾーンとは見ていないことが分かるであろう（詳しくは第7章を参照）。「基準をすべて守れば会計の真実性は確保される」といった幼児的な理解が支配するわが国は、イギリスの、そしてＩＦＲＳの会計思考の対極にあるといってよい。

6　ＩＦＲＳの離脱規定

ＩＡＳ第一号（財務諸表の表示）第一九パラグラフにはこう書いてある。「公式の日本語訳」と称しているものを紹介する。なお、現在、国際会計基準はＩＦＲＳ（すでにご存じのように、これはイギリスの会計基準の名称であるＦＲＳ（Financial Reporting Standards）に国際のＩを付けたものである）という名称を使っているが、国際会計基準委員会（ＩＡＳＣ）時代に公表された会計基準（ＩＡＳ）の一部は、修正または廃止されない限り、現在でも有効である（「国際財務報告基準に関する趣意書」第五項）。

「ＩＦＲＳの中のある要求事項に従うことが『フレームワーク』に示されている財務諸表の目的に反するほどに誤解を招くと経営者が判断する極めて稀なケースにおいて、関連する規制上の枠組みがそのような離脱を要求しているか又はそのような離脱を禁じていない場合には、企業は第二〇項（離脱した場合の開示事項）に示す方法により当該ＩＦＲＳの要求事項から離脱しなければならない。」（訳文は、『二〇一四　国際財務報告基準』中央経済社）

一読して理解できる文章ではないが、何度か読むと、「極めて稀な場合であるが、ある基準に従うと誤解を招く財務諸表になることがある。そうした場合には、その規定から離脱して適正表示をしなければならない。」と言っていることが分かろう。特定の企業にとって、すべての基準が適正表示に役立つとは限らず、場合によっては規定に従って作成した財務諸表が利用者の誤解を招くこともあり得る。第一九パラグラフは、そうした場合にその規定から離脱して、適正表示を達成する処理・報告の方法を採用することを要求している。これが「離脱規定」と呼ばれるものである。

誤解してはならないのは、この離脱規定は、「離脱しても構わない」というのではなく、「離脱しなければならない」と言っているのである。では、基準から離脱して何をやってもよいのか、というとそうではない。ここに「実質優先原則」が機能するのである。

では、「ＩＦＲＳのルールに従って作成した財務諸表」が誤解を招くケースとはいかなるケースであろうか。第一九パラグラフでは、次のように述べている。

「ある情報が財務諸表の目的に反する場合とは、当該情報が表現しようとしているか又は表現することを合理的に期待することができる取引、その他の事象及び状況を忠実に表現せず、その結果、当該情報が財務諸表利用者の経済的意思決定に影響を与える可能性が高い場合をいう。」

つまり、ＩＦＲＳに従って作成した情報（財務情報といってもよいであろう）がもともとの取引等を「忠実に」表現せず、その結果、財務諸表利用者に誤解を与える可能性が高い場合である。では、具体的にはどういう場合か。それはＩＦＲＳには書いてない。書いてなくて当たり前なのである。つまり、そうしたケースが事前に特定できるのであればＩＦＲＳに盛り込むことができる。そうなると離脱規定が要らない。しかし、事前には分からないので、そうした状況が生じたときに備えて、離脱規定を置くのである。

7 離脱規定はコモン・ローの共通認識

実は、成文化された会計規定（会社法でも会計基準でも）を盲目的に順守することよりも会計報告の真実性や公正性の確保のほうを重視するという思考は、イギリスに固有のものというわけではない。こうした思考は、アメリカ、カナダ、オーストラリア、ニュージーランド、アイルランドなど、コモン・ローの国々で広く共有されている。

例えば、アメリカでは、一九六九年にコンチネンタル・ベンディング社事件を担当したH・J・フレンドリー判事が判決の中で次のように述べている。

「会計士にとって第一の原則は、一般に認められた会計原則（GAAP）に準拠することではなく、完全かつ公正なディスクロージャー、公正な表示をすることにある。もし、GAAPがこうした公正な表示をもたらさないならば、GAAPの陰に隠れるようなことはせず……GAAPの実態を調べ、完全なディスクロージャーに必要な開示を行うべきである。要するに、『公正に表示すること』と『ＧＡＡＰに従うこと』とは別の概念であり、ＧＡＡＰに準拠しても前者の『公正な表示』になるとは限らないのである。」（'Accounting : A crisis over fuller disclosure,' *Business Week,* 22 April 1972, p. 55.）

会計基準に準拠して財務諸表を作成しても、公正な財務諸表ができるとは限らない、と言っているのである。この判決は、読みようによっては法律家が会計基準を軽視したものとも取れるが、実は、そうではない。コモン・ローの世界では、これが共通の認識なのである。法律も会計も、その目的を達成するために多くのルールを定めるが、そのルールを守ったからといって目的が達成できるとは限らない。極端なケースでは、ルールを守ることが法や基準の目的を達成する妨げになることもある。そういうことを認識しているのである。

アメリカのＳＥＣ（証券取引委員会。日本の金融庁に相当）は、会計基準を設定する法的権限を持つ機関であるが、実際には基準の設定権限をＦＡＳＢに委任している。そのＳＥＣは、会計連続通牒（ＡＳＲ）第一五〇号において、財務諸表利用者の誤解を避けるためにＦＡＳＢの発表する会計原則から離脱する必要がある場合には、「ＳＥＣとして他の原則の使用を許可または要求する」（脚注２）ことを明らかにしている。

8　わが国における実質優先原則と離脱規定

わが国では、会社法や会計基準に「離脱規定」が置かれない限り、実質優先主義と言おうがSubstance over Formと言おうが、それは単なる「お飾り」か「お題目」に過ぎない。取引や事象の実質がどうであろうと、わが国では形式（ルール）からの離脱が認められないのである。実質優先主義は離脱規定とセットになって初めて役に立つのであって、離脱規定のないわが国では適用する場がない。

実質優先という思考は、英米をはじめとするコモン・ロー諸国の会計では本質的なものであるが、その背景や適用条件を知らずに、同じ「会計」だからとばかり、わが国で実質優先主義を振りかざせば、何のことはない、会社法違反、会計基準違反を推奨する愚を犯すことになる。

一部の無責任な、どこの国のことを書いているのか分からない論文では、ときに実質優先原則だけを取り上げて、会計とはこういう考え方をするのだとして、しばしばリース（ファイナンス・リース）の会計処理を紹介している。つまり、リースの資産計上を説明する論理として、実質優先原則を掲げるのである。そこでは、「(会社）法は形式を重んじるからリースの資産計上は認めないが、会計ではリースの実質を重んじて資産に計上する」といった理解が、いや誤解があるようである。

「それでは、法を破ってもいいのか」と訊きたくなる。わが国の場合、リースに関する会計処理は財務諸表等規則などの法令に定められており、法令の定めるところによりリースをオンバランスしている。わが国では実質優先原則を適用しているわけではないのだ。

ずいぶん前のことであるが、初めてイギリスへ留学したときに、この離脱規定のことを知った。日本の法制度や会計制度を学んできた者にとって、「法や基準を守ってはならないときがある」という離脱規定はショックであった。帰国後、この話をペーパーにした（「商法・企業会計原則における離脱規定」『會計』第一三〇巻第四号、一九八六年一〇月）。

このペーパーは、評価が分かれた。「生意気だ」「ろくに会計のことを知らないくせに」「離脱規定なんか設けたら、商法を守る会社なんかなくなるじゃないか」といった、いわばイジメである。

もう一方の反応は、「よく言ってくれた」「商法にはやられっぱなしだから、商法サイドにも言うべきことを言おう」といった好意的なことばであった。とまれ、日本の会計学界が「体育会系」であることを知りたかったら、ぜひ、拙著『会計学の座標軸』（税務経理協会、二〇〇一年、第一一章）を読んでみていただきたい。なお、この章は、「離脱規定」と「実質優先原則」を取り上げたものである。

9　ＩＦＲＳの行方

イギリスはもともと、企業に最大限の自由を認める国である。だからこそ、この国には、「原則主義」「実質優先原則」「離脱規定」といった、経営者と会計士の専門家としての判断を尊重する会計観が育ったのである。そうした会計観が、ＩＦＲＳに注ぎ込まれているが、それを受け入れるだけの素地がない国がＩＦＲＳを採用しても、おそらくは形式だけの採用であり、そのスピリッツまでには至らないであろう。イギリスのＥＵ離脱は、いずれＩＡＳＢからの離脱を招来するであろう。そのとき、ＩＡＳＢに残留する独仏がイギリスの会計観を残したままのＩＦＲＳを使い続けるであろうか。

あのプライドの高いドイツとフランスである。Brexit（イギリスのＥＵ離脱）をチャンスとばかり、ＩＦＲＳからイギリス色を消して、独仏流の会計基準に戻ろうとしてもおかしくはない。ＩＡＳ・ＩＦＲＳ以前は、ドイツはドイツの、フランスはフランスの会計基準で連結財務諸表（分配可能利益を計算する決算書ではなく、投資家向けのディスクロージャー目的の企業情報を収容したもの）を作成してきたのである。

ＥＵがＩＦＲＳを、域内（ＥＵを構成する二七か国（当時））の上場会社が作成する連結財務諸表に適用することを決めたのは、二〇〇二年、今からわずか一六年前のことである。もともとドイツもフランスもＩＦＲＳが嫌いなのだ（詳しくは、拙著『ＩＦＲＳはこうなる―「連単分離」と「任意適用」へ―』東洋経済新報社、二〇一二年、第四章）。きっと、ドイツもフランスも嬉々としてＩＦＲＳを捨てて、一六年前の自国基準に戻るのではなかろうか。

そうなれば、日本の「ＩＦＲＳ狂騒劇」も終演となりそうである。すでにＩＦＲＳを任意適用してしまった会社にとっては、かなり高い授業料を払ったことになるが、この経験から学んだことも多いはずである。監査法人の言うままにならないほうがいい、東証の言うことには裏があることを知る、金融庁の役人は産業振興といった発想が乏しいうえに、将来の天下り先の言い分を聴こうとしている可能性があることを知っておく、証券会社やコンサル会社は貴社のことよりも自分の財布が重くなることを考えている（こうしたことについては、拙稿「誰がＩＦＲＳ導入を歓迎しているのか」『金融財政ビジネス』時事通信社、二〇一二年一二月一七日号で詳しく書いた）。

第5章
会計グローバリズムの終焉
―経済も会計もナショナリズムで動く―

1　イギリスのEU離脱
2　各国会計の時代
3　International Accountingの登場
4　IFRSの時代
5　「経済はナショナリズムで動く」
6　EUの結束はナショナリズム
7　IASBの失敗
8　産業資本主義と金融資本主義
9　グローバリズムとグローバリゼーション
10　国際会計基準は「バベルの塔」か
11　国際会計基準のマクロ政策
12　会計基準はナショナリズムの産物

1　イギリスのＥＵ離脱

イギリスが、欧州連合（ＥＵ）から離脱するかどうかを問う国民投票を行ったのが、二〇一六年六月二三日であった。投票の結果は、離脱支持が一、七四一万七四二票（約五二％）、残留支持が一、六一四万一、二四一票（約四八％）という僅差であった。

その結果を受けて、残留支持派であったキャメロン首相が退陣し、後を引き継いだメイ首相が二〇一七年一月一七日にＥＵ単一市場からの完全撤退を表明した。これで、イギリス政府がＥＵから強硬離脱に向かう方針であることが明らかとなった。

他方、世界のリーダーを自負するアメリカも、二〇一七年一月二〇日にトランプ氏が大統領に就任し、イギリスのＥＵ離脱を支持する姿勢を示している。これまでグローバリズムから最大の恩恵を受けてきた英米両国がこぞって「自国ファースト」へ歩みだしたのである。イギリスの国民投票の判断材料もトランプ大統領の判断材料も、「難民受け入れ」「不法入国者」問題であり難民・不法入国者から自国民を護ろうというものである。表面的には、労働力不足を難民で補おうとするドイツなどと、自国の就労率や生活水準・経済力を優先する英米の対立とも取れるが、もっと深層においては、グローバリズムとナショナリズムの対立ではなかろうか。

本章はこの問題を取り上げたい。第1章において、私は「イギリスのEU離脱に伴って発生すると思われる会計の地殻変動は……歴史を訪ねない限り正しく理解することはできない。」と書いた。IFRSの誕生も、IFRSの意義や役割も、そしてIFRSの現状も、さらにIFRSの未来も、この二〇数年間における世界の動き（会計の動きとは限らない）を知らないと正しい理解ができないのだ。

ことは会計だけの話ではない。政治も経済も同根の問題に直面している。グローバリズムは強国の論理なのだ。強国をさらに強くするのがグローバリズムだということが明らかになるにつれ、行き過ぎた「グローバリズム」、行き過ぎた「カウボーイ資本主義」、瞬間的な利益を追求する「拝金主義」からの揺り戻し（正常化と言ってもよい）が起きつつあると考えたほうがいい。

本章では、経済の国際化につれて起こった会計の変化を俯瞰《ふかん》し、それを踏まえて、今後の会計のあり方を模索することにしたい。なお、後半の部分は拙著『複眼思考の会計学―国際会計基準は誰のものか―』（税務経理協会、二〇一一年）で書いた一文（第八章　経済も会計もナショナリズムで動く）に加筆したものである。今から考えれば、書く時期が早すぎたのかもしれない。イギリスがEUから離脱し、アメリカがトランプ氏を大統領に選んで、両国が「国民国家」の道を進み、国家としての枠組みで行動する方針を明らかにした「今」こそ、書くべきであったように思えるのだ。

2 各国会計の時代

会計を国家の存在に関わらせて時代区分するとすれば、第一期は、一つの国の中で経済活動がほぼ完結していた時代の会計であろう。日本であれば、第二次世界大戦を終えるころまでであろうか。この時代には、それぞれの国が独自の会計制度・会計基準を持ち、特別の不都合や摩擦もなかった。

この時代には、各国・各経済圏において、商慣習や経済の成熟度に応じた会計が構築されていた。ヨーロッパのような国々が隣接するところでも、イギリスには資本市場を前提とした資金調達と資金運用を報告する会計が、フランスには国家の経済政策を実施するにふさわしい会計が、ドイツには企業集団（コンツェルン）の経営に適した会計が発達した。同じ「会計」といっても、その目的が同じではなかったのである。会計の制度やルールが大きく異なっても不思議や不都合はなかった。

そして、第二期に入る。企業活動が国境を越えたり、海外との取引や海外活動が活発に行われるようになった時代の会計である。この時代の会計を「国際会計（international accounting）」と呼ぶ。この時代でも、国という枠は崩れていない。まだ、国を離れて会計が行われる時代ではなかった。

しかし、企業活動が国家を超えていたり海外取引が活発になるにつれて、資金調達も国際的になる。つまり、資金の提供者が多くの国にまたがるようになってきた。ここでは、国家の存在を前提としながらも、いくつかの国にまたがった活動や資金移動を一元的に報告するため、会計処理や報告のハーモナイゼーション（調和化）が必要とされた。

誤解しないでいただきたいが、ここでの会計処理や報告は、あくまでも一般投資家に向けてのものであって、株主向けの「決算書」を作成するためのものではない。多くの国では、この目的のために「連結財務諸表」（一般投資家向けの情報提供を目的とした財務情報）を作成していた。わが国では、この点の理解が十分でなかったために、連結を作るための基準である国際会計基準の導入をめぐって、先に単体（個別財務諸表）に適用すべしとする不毛な議論を繰り広げ、時間を浪費してしまっている。

3　International Accountingの登場

少し余談を書く。International Accountingという名称を公的に初めて使ったのは、アメリカ会計学会（American Accounting Association：AAA）の報告書であった（Committee on International

Accounting, *International Dimensions of Accounting in the Curriculum*, American Accounting Association, 1966.)。

この報告書は、一九六六年の春にＡＡＡが設置した「国際会計委員会」が、大学における会計学のシラバスに国際会計に関する科目あるいはセミナーを設置するように勧告したものであった。国際会計研究の先駆者の一人とされるワシントン大学のミューラー（G. G. Mueller）教授が委員長として取りまとめたものであった。

それは、まだ私が院生のころであった。ある講義のときに、染谷恭次郎先生がこの報告書を教室に持ってきて、「アメリカに留学している藤田君（藤田幸男氏）が航空便で送ってくれた」といって紹介してくれたことがある。そのときは、中身までは紹介していただけなかったが、翌年の『企業会計』（一九六七年二月号、第一九巻第二号）誌に、「インターナショナル・アカウンティングへの挑戦」という論文を発表された。わが国で国際会計を取り上げた最初の論文であった（染谷恭次郎編著『国際会計論』東洋経済新報社、一九八四年による）。まだまだ青臭い院生の身にとっては、原書を手にしてから数か月後に日本語で論文を書くことに大きな衝撃を感じたことを覚えている。

さらに余談が続く。染谷先生は、非常に残念ながら私の指導教授ではない。同じ早稲田大学の院に籍を置いていても、私は佐藤孝一先生のゼミ、誰それは染谷先生の、また誰それは青木先生の、そしてまた誰それは新井ゼミ、西沢ゼミ、小川ゼミ……まるで相撲部屋のごとく（いや、監査法人のごとくか）、「島」が形成されていて、表向きの交流はない。そうはいっても、若い学生のことであるから、講義やゼミを離れると、いろいろな付き合いはあった。麻雀が好きな院生は夕方になると雀荘に集まり、酒が好きな院生は連れ立って居酒屋に向かった。勉強するために図書館に集まった……といった話はあまり聞かないが、ゼミ単位ではドクターコースの院生がマスターコースの院生と自主ゼミや合宿をすることが日常的であった。

私事で申し訳ないが、当時の大学院生活のことを紹介しよう。私が大学院（商学研究科）に入ったのは、決して「進学」ではない。どこかで告白したように、私は学部時代の四年間、ほとんど授業に出ることができなかった。ほとんどの生活は、授業料の支払いと生活費を稼ぐことであった。一日に、二つも三つもアルバイトの掛け持ちをした。朝起きたら、すぐに神田の製本工場で「コミック本」の製本と梱包、発送をこなし、午後はどこかの病院で「点数計算」（薬事法に従った薬価を計算して、患者さんに請求する金額を医師に伝える仕事）をしたり、市場調査とか探偵（結婚相手の身辺調査など）まがいの仕事をしたり、夕方からは家庭教師、たまに時間があったときに大学の講義を聴きに行ったり、という生活であった。

さすがに、大学院は時々出席というわけにもいかなかった。ゼミは、まちがっても欠席するわけにはいかない。他の講義も、少人数のクラスだと出欠がうるさかったので、できるだけ大所帯の講義を選んだ。その頃は、青木先生や染谷先生の講義は、大学院ながら四〇名とか五〇名も出席していた。不真面目な輩が紛れ込むには具合がよかった。後で聞くと、他大学の教員や学生も勝手に聴講していたらしい。

4　IFRSの時代

現在では、第三期ともいえる時代区分に入っている。第三期は、多国籍化・無国籍化した企業が国家の枠を超えて地球を一つの経済圏として活動する時代である。その背景には、一九九〇年のドイツ再統合、九一年のソビエト解体、九三年のＥＵ結成といったグローバリゼーションの流れがあった。こうした変化を受けて、会計も、インターナショナルからグローバルへと「進化」してきた。いわば、「国家を意識しない会計」「国という枠を取り払った会計」である。

繰り返す必要はないと思うが、ここで話題にしているのは、「一般投資家に企業の財務情報を提供するための会計」であって、株主向けの財務諸表（いわゆる決算書）ではない。前者は投資家が投資の意思決定に必要とする情報の提供が目的であり、法的な意味での個々の企業というよりも経済的・資本的に見てグループを形成する企業集団の会計情報を盛り込んだ「連結財務諸表」（実質は「連結財務情報」）を作成する会計である。

「企業集団の株主」というのはいない。仮に企業集団を一つの企業とみなして財務諸表を作成するとすればこうなる、という仮定の上で作成するのが連結財務諸表である。虚構の財務諸表といってもよい。単なる情報に過ぎないから、連結財務諸表にいくら巨額の利益が計上されようとも、それに課税することはできないし、その利益を配当する株主はいない。IFRSは、この連結財務諸表を作成するための基準である。個々の会社が会社法に従って作成する個別財務諸表（単体）に適用することは想定されていない。

単体（個別財務諸表）であれば、その財務諸表において計算される純利益に課税され、税引き後の純利益から株主に配当される（わが国などの「確定決算主義」を採用する国の場合）。こちらの計算書に記載される純利益は、単なる情報ではすまず、課税や配当によって企業財産が外部へ流出することから、「切れば血が出る」といわれる。投資家に対する情報提供ではなく、株主に対する「報告書」である。

以下、一般投資家向けに提供される会計情報としての「連結財務諸表」について書く。

この時代には、会計基準の「ハーモナイゼーション（調和化）」からさらに進んで、「ユニホーミティ（統一化）」を強めた会計基準が求められるようになってきた。その結果誕生したのが、IFRSである。そのIFRSが今、存続の危機に瀕していることは、これまで指摘してきたことである。

ＩＡＳの時代はまだ「のどか」であった。世界の実務家会計人が、一種の理想を追って、「国際的標準としての会計基準はどうあるべきか」を検討してきた。それが、ＥＵの成立とＥＵの自立に必要な会計基準という「目的外」「意図しない」事情から、それまでの方向とまるで違ったベクトルでの基準作りに精を出すことになった。

ＩＦＲＳは、最初、アメリカの会計基準とは違った、アメリカ基準に対抗できる「ＥＵ独自の」会計基準を作ろうとしたものである。その後の経緯はご存知のとおり、ＥＵ基準から世界基準を目指すようになり、そのためにアメリカ基準との「融合」「すり寄り」を繰り返してきた。「融合」「すり寄り」は今でも続いている。「ＥＵに有利なように」、「アメリカに有利なように」、綱引きが繰り返されている。

そこには、論理というよりは政治（国益）力が強く働いている。ＩＦＲＳは、かくして、ＥＵ内部の国々の政治力が働き、さらに、アメリカの政治力が働き、インターナショナルな基準・グローバル基準というよりは、政治力の強い国の基準、つまり、ナショナル基準に近づいてきているように見える。

ＩＦＲＳが「国際基準」色を薄め、しかもイギリス会計界の経験と知恵である「原則主義」、「実質優先原則」、「離脱規定」、「資産負債アプローチ」が使えなくなるとすれば、次の時代の会計はいかなるものになるであろうか。以下、少し前に書いた原稿を下に、管見を紹介したい。

5 「経済はナショナリズムで動く」

この小見出しは、「国益」「国策」という側面にスポットライトを当てた、中野剛志著『経済はナショナリズムで動く　国力の政治経済学』（ＰＨＰ研究所、二〇〇八年一一月）の書名である。

この本の著者、中野剛志氏は、学者ではない。経済官僚である。書いたもので評価されるというより、現状分析・提案・企画・政策といった経済政策の現場での仕事ぶりが評価の対象とされる。氏は、大学（東京大学教養学部にて国際関係論を専攻）卒業後、通商産業省（現・経済産業省）入省、二〇〇〇年より三年間、スコットランドのエディンバラ大学大学院にて政治思想を専攻、博士号（社会科学）を取得している。二〇一七年七月より経済産業省商務情報政策局情報技術利用促進課長。

学者顔負けの健筆家で、本書の前には、『国力論　経済ナショナリズムの系譜』（以文社、二〇〇八年）を、〇九年には、『恐慌の黙示録　資本主義は生き残ることができるのか』（東洋経済新報社）、一三年には『日本防衛論　グローバル・リスクと国民の選択』（角川ＳＳＣ新書）、一四年には『世界を戦争に導くグローバリズム』（集英社新書）を出版している。一六年には六〇〇頁を超える大著『富国と強兵　地政経済学序説』（東洋経済新報社）を出している。

「異端の経済官僚」と評する人もいるが、書いている内容は極めて示唆的かつ建設的で、わが国への提言には賛同者も多いと聞く。

私は、経済学者でもなく、政治学者でもない。しかし、本書の書名『経済はナショナリズムで動く』を新聞の広告欄で目にしたとたん、すぐに大学の書籍部に飛んでいった。書名の「経済」を「会計」に置き換えれば、日本の、いや、世界の会計動向をうまく説明できるし、日本会計界が目指すべき地平も明らかになると考えたからである。

「会計もナショナリズムで動く」のである。しかし、そうした認識に立つ会計学者は少ない。多くの学者は、もしかしたら五〇年に一度、いや一〇〇年に一度あるかないかという「会計大革命」に直面しながら、時流に追随するばかりで、コンバージェンスについてもアドプションについても貝のごとく口を閉ざしている。それはきっと「経済も会計もインターナショナル（グローバル）で動く」という観念が先行して、日本の、各国の独自性を打ち出すのが「時代遅れ」「頑《がん》迷固陋《めいころう》」と評されるのを避けたいがためではなかろうか。

ならば、なおのこと、この一書は会計学者のモヤモヤを吹き飛ばしてくれる。以下では、この中野氏の書物を手がかりにして、日本の、そして世界の会計の在り方を考えることにしたい。

6　EUの結束はナショナリズム

ここ二－三〇年ほど「ナショナリズム」は死語かタブーに近い言葉であったのではなかろうか。「インターナショナル（国際）」が正しく、「ナショナル（国家）」は「経済無知」「時代遅れの迷信の産物」として、とりわけ構造改革論者がさげすんできた。

経済ナショナリズムの現象はグローバリズムへの反動とみなされがちであるが、中野氏によれば「実は九〇年代ですら、ナショナリズムが世界経済を動かしていたのであり、国民国家は後退などしていなかった」のであり、「国家が国民国家であるかぎり、あらゆる経済政策がナショナリズムによって動いている」のである。

中野氏は言う。「世界の潮流にしたがえば、グローバル化のなかで、（国家は）国民の生活を守り、世界で優位な地位を確保するため、国家の力を強化しなければならなかった。そして、諸外国はそうするように務めていた。」ところが、「日本は、それと逆のことを一〇年以上もやり続けた」と。

中野氏は言う。「グローバル化する世界経済において、各国は、政府の主導のもと、戦略的に国家の力を強化している」と。ＥＵでさえ、既存の国家の枠組みを超える動きの中で、なおも

「国家は強化される方向にあった」。少し考えれば当たり前であることが分かる。「インターナショナル」や「グローバル」が世界を支配する前提として、国家・国民の存在・保全があり、国家・国民なくしては、「国際」も「世界」も砂上楼閣になる。イギリスの選択（ＥＵ離脱）も、アメリカの選択（トランプ大統領）も、こうした視点から見れば、「偶然」ではなく「必然」なのだ。

しかし、わが国では、この当たり前が通用しない。わが国では、まず「インターナショナル」や「グローバル」があって、わが国家・国民はそれに合わせて姿形や思考を変えていく。政治も「構造改革」といった子供だましのキャッチコピーしか持たないものだから、国民の生活や経済を守ることがなおざりにされ、国力は大きく衰退してしまった。

7　ＩＡＳＢの失敗

会計の話にダブらせて考えてみると、この話は日本会計界にとって他人事ではないということが分かる。昔の国際会計基準委員会（ＩＡＳＣ）も、現在の国際会計基準審議会（ＩＡＳＢ）も、最初から世界中で使う会計基準を設定しようという意図はなかった。国際会計基準の当初のねらいは、ヨーロッパの市場統合に伴って域内の統一的な会計基準を整備することにあったが、ねらっていたのはアメリカへの対抗力を高めることにあったのである。

「国際」の名を冠したのはアメリカに対抗する必要からであった。それが、ＥＵを超えて、コモンウェルス（イギリス連邦）諸国にも浸透するにつれて、ＩＡＳＢはアメリカをも巻き込んだ基準作りを目指したのである。

おそらく、この戦略はＥＵにとって間違いであった。アメリカを巻き込めば、いずれ、アメリカに「占領」される。「欧州における統一的会計基準」ということであれば、アメリカも一目置いた態度を取らざるを得ない。それが、アメリカも参加する国際基準となれば、いずれアメリカが主導することは目に見えている。現在アメリカは直接参加してはいないが、「会計基準の国際的統一」を口実に、巧みにＩＦＲＳをアメリカ化しつつある。

8　産業資本主義と金融資本主義

アメリカで「経済ナショナリズム」が台頭するようになった遠因の一つは、この国が「物づくり」では稼げなくなったことにある。かつて日本人が目にした「メード・イン・ＵＳＡ」は、自動車にしろ化粧品にしろ、万年筆でも時計でも何もかもが光り輝き、憧れと羨望の的であった。

アメリカでは企業が稼ぐ利益の五割ほどを製造業が稼ぎ出していた。ところが、今ではモノを作っても、弁護士が市民をせきたてて何でも訴える製造物責任（ＰＬ）訴訟の餌食になり、アジア企業との価格競争と日韓との品質競争に後れをとり、製造業による企業利益は三割を切るようになった。製造業の衰退とは逆に、金融業が繁栄して、企業利益の三割強を稼ぎ出している（日本は、製造業が稼ぐ利益は四割、金融業は一割という）。

製造業と金融業では利益の産み出し方が違う。製造業では、売れるモノを作ってそれを売り、その売上高から製造原価を支払って残りが出れば利益とするが、金融業は金を動かすことだけで儲けようとする。それも、実際に金を動かすことはせず、金に関する情報をやり取りするだけで荒稼ぎしようというのである。

経済学の佐伯啓思教授は言う。「経済の主役はもともと生産物とその流通にあり」、「金融とは、あくまで、モノづくりやモノの交換を容易にし、効果的に行うための補助手段だったはず……」（「立ちすくむ現代　№一四」『ウェッジ』二〇〇九年八月号）。

今のアメリカは、金融立国というが、内実は、運ぶモノ（主役）がないのに運輸業（脇役）だけが栄華を極めているような滑稽さがある。誰も売れる「モノ」を作らずに、金融立国だとばかり、金を貸し借りするだけで国の経済を成り立たせようというのだ。だから、製造業が衰退したアメリカ国内だけでは経済は成り立たない。世界を巻き込む必要があるのだ。それも、金を持っているか、エネルギーや食料などの資源のある国をターゲットにする。

アメリカの「グローバリズム」とは、要するに、自国の製造業が衰退したために、情報革命や金融の自由化を推進することによって「他国民の富」を合法的に収奪する「アメリカナイゼーション」であったのである。

9 グローバリズムとグローバリゼーション

「グローバリゼーション」と「グローバリズム」は違う意味で使われることが多い。「グローバリゼーション」は、一般に、経済・文化・政治などが、国境を越えて地球規模で拡張していく「現象」あるいは、より積極的に「ヒト・モノ・カネの国際間の流れを自由にするために、障壁を取り払い、世界各国の政治や経済の流れをよくしようとすること」を指す（菊池英博『新自由主義の自滅』文春新書、二〇一五年、五五頁）。「グローバル化」と訳す。

他方、「グローバリズム」は多国籍企業が国境を越えて地球規模で事業を展開することや、自由貿易主義や市場主義経済を地球規模で拡大しようとする「思想」「理念」を指す。経済アナリストの菊池英博氏は、「新自由主義に基づくアメリカニズム（新自由主義型資本主義）」であり、「新自由主義（ネオ・リベラリズム）というイデオロギーを宣伝するために使われた言葉であり、決して普遍的な概念でも歴史的必然でもない」ことを指摘している（同上、五六頁）。

そこでの「グローバル標準」「国際標準」とは、グローバリズムを推進する側のルールであって、平川克美氏の言を借りれば、「そこには、ビジネス上の公平性もなければ、本来の意味での正当性もなく、ただ力の強いものが弱者の生殺与奪の権利を掌握するという弱肉強食の論理があるだけである。」（平川克美『グローバリズムという病』東洋経済新報社、二〇一四年、一五三頁）。本章の冒頭で、「グローバリズムとは強国の論理だ」と言ったのはこのことを指している。

10　国際会計基準は「バベルの塔」か

経済界でも「国ごとの資本主義は、グローバルな世界において競争し、もっとも優れたシステムへと進化論的に収斂《しゅうれん》する」という認識があった。グローバリズム（アメリカの国際的侵略）による様々な問題が顕在化してくるのは九〇年代後半からである。「国際金融市場の混乱、国際テロ活動、南北格差の拡大、各国固有の文化の破壊」（中野）などである。

こうした問題の顕在化に直面して、「欧米の優れた哲学者、政治経済学者、社会学者たちは、グローバリゼーションを厳しく批判しはじめ……資本主義の多様性、とくに日本やドイツのような共同体的な資本主義や、スウェーデンのような社会民主的な資本主義の価値を擁護した」という（中野）。この一文に明らかなように、中野氏は、右に紹介した「グローバリズム」と同じ意味で「グローバリゼーション」という言葉を使っている。

中野氏によれば、「欧米における資本主義の多様性の論争は、思想のレベルにおいては、ほぼ決着がついたと言ってよい。正しかったのは、『資本主義は国ごとの文化や社会的価値を基底にするものであり、またそうあるべきである』という主張のほうであった。」資本主義という政治経済の根底をなすシステムが、「世界は一つ」ではなく、国や地域ごとに「一つずつ」ある、あるべきであるというのである。

資本主義システムが国・地域ごとに「一つずつ」あるということになれば、万国共通の会計基準など「バベルの塔」というしかないのではなかろうか。中野氏の表現を借りれば、「国ごとの会計基準は、グローバルな世界において競争し、もっとも優れたシステムへと進化論的に収斂する」と考えるのはとんでもない誤解だということになる。ＩＦＲＳが世界中で「単一基準」として使われるようになれば、経済のグローバリズムと同様に、パンドラの箱を開けたような様々な問題が飛び出してくる。

11 国際会計基準のマクロ政策

一八年ほど前に、著者はこういうことを書いたことがある。

「いま、アメリカはＩＡＳ（今は、ＩＦＲＳ）をＦＡＳＢ色に染めることに腐心している。会計は、為政者にとって、強力な武器になる。そのことを最もよく知っているのは、アメリカの政治家であり、ＳＥＣ（アメリカ証券取引委員会）である。

ここでは、ＦＡＳＢは、ＳＥＣのダミーに過ぎない。国際的な会計基準を作るときに、アメリカに有利になるような基準を設定することが為政者の、ＳＥＣの重要な仕事になる。……これからの会計基準の設定は、すぐれてＥＵとアメリカの綱引きになる。そのとき、アメリカは国家という枠組みで行動することは目に見えている。会計は、テクノロジーとして世界を席巻できても、カルチャーに根ざした相違や利害までも消し去ることはできないのである。」（『会計学の座標軸』税務経理協会、二〇〇一年）

同書の中で、国際会計基準に反映されるマクロ政策についても書いた。「マクロ政策」という言葉を使っているが、内容は「ナショナリズム」と同じ意味である。

「国際会計基準は、国家という枠を持たない基準です。しかし、国際会計基準といえども、マクロ的な視点を欠くことはできません。なぜなら、国際会計基準は、いくらマクロ政策から中立的に設定しようとも、その基準が各国で適用される以上、マクロ政策と無関係でいられないからです。そうであればこそ、国際会計基準は、自国のマクロ政策に貢献するような形のものにしようという誘引によって、つまり、各国の力関係によって歪《ゆが》められてもおかしくはありません。

現在の国際会計基準も、これから決められる国際会計基準も、各国の利害を下にした綱引きによって改正や設定が行われるようになるでしょう。当分の間は、アメリカとEUとの間で綱引きが行われ、いずれは、欧米とその他の地区との間で綱引きが行われ、さらには、文化を異にする地域間で、また、宗教を異にする地域間での綱引きが行われるようになるでしょう。」

12　会計基準はナショナリズムの産物

中野氏は「あとがき」にこう書いた。

「この国（日本）は、構造改革論という世論が支配する『多数決の専制』、すなわち全体主義の状態におちいっているのではないか。良識に基づいて自由に議論するのを妨げる『空気』が、日本列島を覆い尽くしているのではないか。」

まったく同感である。著者が長年主張してきた「時価会計批判」も、同じような「空気」によって圧殺されてきた（注）。

（注）時価会計の是非で会計界が大きく揺れているとき、日本公認会計士協会から研修会講師の依頼があった。テーマは「時価会計は正しかったか」であった。求められるままに「セミナー概要」を書き、「講師紹介票」を送り、「講師料の振込先連絡票」まで用意したが、何と、講義の直前（一か月前）になって、「都合により中止」という連絡があった。理由は、「自己都合」である。あまりにもひどい話なので、あちこちの関係者に聞いたところ、「会計士には時価会計の本当のことを話して欲しくない」ということであった。当時の会計士協会の依頼文書は、私にとって「お宝」なので、大事に保存してある。

著者は常々、「会計基準は、個々の企業を規制するルールである以前に、国の産業振興や国益を高めるためのツール」だと主張してきた。世界の主要国は、「会計基準をどう決めるかは、優れて政治の仕事」という認識に立ち、まさにナショナリズムの立場から会計基準戦争を戦ってきた。ヨーロッパから生まれた国際会計基準（ＩＦＲＳ）もアメリカの財務会計基準（ＳＦＡＳ）も、ナショナリズムの産物なのである。

そう考えると、二〇〇〇年以降、わが国が国際化を推し進めてきた会計基準は、何のことはない「根無し草」だということが分かる。日本の経済環境に合うというわけでもなく、日本の国力を増強するというわけでもなく、外国のものを日本語に直しただけで英米諸国に並んだと誤解する。開国一六〇年にして未だに英米に対する劣等感から抜け出せないでいるばかりか、依然として「自分の頭で考える」ことをしない。そろそろ、英米人の頭で考えたこと（ＩＦＲＳもそう）は、その英米人のナショナリズムが根底にあるということに気が付いてもいいのではなかろうか。

第6章

国際標準は何のためにあるのか

――ＩＦＲＳ採用国が半減する？――

1 ルールの統一によって得られるもの
2 ルールの統一によって失うもの
3 ルールの統一は進化を妨げる
4 アメリカの標準化国際戦略
5 国際標準は何のためにあるのか
6 ＩＡＳＢの台所事情
7 消滅する「国際」標準

世界は今、行き過ぎたグローバリズムへの反省と、グローバリズムの最大の受益者であった英米がこぞってナショナリズム（自国第一、保護主義）に回帰するのを目《ま》の当たりにして、何が正しいのかではなく、何が自国の国益に沿うのかを見極めようとしている。

国際標準も国際会計基準も、国際的なルールである以上、こうした大きな流れの中で決められる。そこでは、何かから見て正しいとか合理性があるとかという話ではなく、どれだけ賛成者（国）を囲い込めるか、がキーとなる。

本章では、国際標準の一つでもあるＩＦＲＳが、イギリスのＥＵ離脱（Brexit）を一つの契機に国際標準としての地位を失い、ローカル標準としか生き残れない状況に追い込まれつつあることを紹介する。

1　ルールの統一によって得られるもの

シンクタンク「構想日本」の代表・加藤秀樹氏は、経済のグローバル化に伴い様々な基準の世界統一が進んでいることに関して、次のように述べている。

「ルールを統一化することは、企業の行動や商品の品質を画一的にすることにつながる。それは企業間の競争を、必然的に価格や規模をめぐるものに収斂《しゅうれん》させ、世界にはどの産業分野でも少数の大企業しか残らないという結果をもたらす。」（加藤秀樹「ルールは何のためにあるのか」『ビジネス法務』、二〇一〇年五月）

加藤氏は、前半で、国内・国際を問わず、ルール（基準・規格といってもよい）を統一すれば企業はそのルールに縛られるためにどこの企業も同じような行動を取り、生産される製品も同じような規格のものがいくつもの企業から販売されることを指摘し、後半では、その結果、価格決定力を持つ企業か規模の大きい企業しか生き残れないことを指摘している。

価格決定力を持つ企業が出現すれば、同業他社はその企業が決める価格と同額かそれ以下でなければ勝負できない。ルール（規格）が統一されているために、独自性を打ち出すことも高品質で勝負することも困難で、弱小の企業は、大企業の下請けに甘んじるか業界から撤退するしかない。

私たちの多くは、自動車、ビール、パソコン、携帯電話といった身近な製品でしかそうしたことを実感しないが、きっと、そうした製品に組み込まれている小さな部品も、原子力発電所のような巨大な製品も、何らかの統一モデルがあり、その統一ルールで潤う企業と、ルールが統一されたがゆえに独自性や品質を売り物にできずに敗退する企業があるはずである。

唄の世界の言葉を借りれば「ナンバーワン」の企業だけが生き残れる世界である。「オンリーワン」を目指そうとしても、統一されたルールが邪魔をするのである。

2 ルールの統一によって失われるもの

加藤秀樹氏は、この一文に続けて、次のように言う。

「これは経済学的に、あるいは一見、効率の良い状態に見えるが、社会環境の変化に弱く、不安定な態勢であることは、最近の金融や自動車産業を見ると容易にわかる。」

規格化が進めば、商品・製品（部品も）は画一化され、多様な商品・製品やサービスを受けることができなくなる。パソコンや携帯電話を見るまでもなく、規格化が進んだ結果、製品コストが下がるのはいいが、画一化した製品しか製造されないために、個々のニーズを無視した多機能・高機能な製品しか手にすることができない。パソコンも携帯も、どの機種にもてんこ盛りの機能がついているが、機能を減らすほうがコスト高になるのか、個々人のニーズに合った製品は少ない。

農産物も同じである。規格化された農産物は、全国各地の食生活の違いを無視して生産される。スーパーや八百屋に並ぶ農産物は、日本中のどこでも手に入るものばかりで、食生活に合った地物はむしろ手に入りにくい。

私は、三浦半島に住んでいるが、ご当地名産の三浦ダイコンを生産する農家は少なく、地元のスーパーでも見かけることはほとんどない。たまに見つけたときには必ず買って帰ることにしている。冬場のダイコンは、水分が少ないので漬物やおでんの具として適している。中でも三浦ダイコンの漬物は身が引き締まっていて、青首ダイコンの漬物とは比較にならないほど、歯ごたえがいい。書いていて、来春の「三浦ダイコン」の漬物が待ち遠しい。

3 ルールの統一は進化を妨げる

規格の統一は、地域や文化の観点から弊害が多い。単一の規格しか持たないために、社会環境が変わればとたんに窮地に追い込まれることもある。規格化（ルールの統一）が完成すれば競争を繰り返すこともなくなるが、反面、進歩の芽を摘むことになりかねない。

世界中に一種類の車しかない状態を想像してみればよく分かる。一種類しかなければ乗り比べて優劣を比較することもできず、仮に問題や不具合があっても、「車とはそういうものだ」とあきらめて、その一種類の車でやり繰りするしかなくなる。進歩とか改善とかを工夫する必要もない。

許斐《このみ》義信元慶應義塾大学教授は言う。「市場や顧客にとって、標準化は固定化という問題すなわちイノベーションを阻害するという側面」がある、と(許斐義信『競争力強化の戦略　日本企業の生き残りを賭けた闘いが始まる!』ＰＨＰ研究所、二〇一〇年)。標準・規格を独占した企業にとってはよい話かもしれないが、「市場や顧客」にとっては選択の自由を奪われたりニーズを無視されたりするのである。

このことは会計基準も同じである。今、世界中の会計基準をＩＦＲＳに一本化しようとしているが、世界中の企業がＩＦＲＳに準拠して財務諸表を作成するようになれば、ＩＦＲＳが、国際会計基準審議会（ＩＡＳＢ）が喧伝するとおりに「高品質」の基準なのかどうかを検証することもできない。

だいたい、会計基準に「品質」があるという話がおかしい。人種に品質があるとか、英語が高品質で日本語が低品質だというのに等しい。ＩＦＲＳが大好きな人たちは、「ＩＦＲＳは高品質だ」というが、「自分（ＩＦＲＳ）は高等動物」だが、「あいつ(日本基準)は下等動物」だというようなものであろう。前に述べたが、会計基準に必要なのは高い合意(ルールに対する信認)であって、その良し悪し(品質)ではない。

ＩＦＲＳにいかなる不備があろうとも（会計基準が一つしかなければ、不備があることさえ気が付かないかもしれない）、想定していない事態が起きようとも、唯一の基準で対応するしかない。そうなると、世界の各企業が作成する連結財務諸表は、「ルールどおりに作成されている」が「企業集団の実態を表していない」ものになりかねない。

ことは重大である。すべてのルールを厳格に順守して会計処理を行い、ルールどおりに財務諸表を作成しても、そのでき上がった財務諸表が企業の経営成績や財政状態を正しく表示するものでなかったとしたら、いったいどうしたらよいのであろうか。このことについては、次章「会計基準はストライクゾーンか」で詳しく検討する。

現状、世界の三大資本市場を持つ国・地域（アメリカ、ＥＵ、日本）では独自の会計基準を開発しており、その結果、会計基準が世界にいくつも並存している。いずれかの会計基準に問題が発生すれば、他の基準を参考にして改善することもできるし、どの基準を適用した連結財務諸表がヨリ投資判断に適切かということも分かるようになる。ＩＦＲＳしかなければ、進歩も改善もなければ、不測の事態への対応も困難になる。

先に紹介した加藤秀樹氏は言う。「グローバル化の中で最も大切なことは、『多様性の維持』だと思う。グローバル化が進んでいる分野ほど、ルール自体を、グローバル・ルールとローカル・ルールといった、複層的な構造の導入を真剣に考えるべき時代にきている」と。

4　アメリカの標準化国際戦略

アメリカの国際標準化戦略の話を紹介する。一橋大学イノベーション研究センターの江藤学教授によれば、一九八〇年代から九〇年代にかけて、「ヨーロッパは域内各国にまたがる標準化活動を積極的に支援し、ヨーロッパを一体化させる戦略的標準化を進め」、「アメリカはアメリカ標準の世界普及を戦略的に進めていた」という（江藤淳「標準のビジネスインパクト」一橋大学イノベーション研究センター編『一橋ビジネスレビュー』二〇〇九年ＷＩＮ）。

その間、日本はといえば「文化も人種も言葉も異なるヨーロッパが標準化に熱心なのは当然であり、世界の大国であるアメリカが自国の標準を世界に普及させるのも当然」と考え、「標準の戦略的効果」を認識してこなかった。その背景には「標準さえ決まれば、最も早く、もっと安く、市場に製品を供給できるという製造力への自信」（江藤）もあったという。

瞬間的に会計の話をすれば、今の日本の会計界も産業界もＩＦＲＳに対して受け身に徹していた感がある。会計の国際標準さえ決まれば、後はそれにあわせて日本的経営と日本的決算を続けることができる……という、うぬぼれがあるのではなかろうか。何年後かには手痛いしっぺ返しを食らうことには思いが至らないらしい。

江藤教授の話に戻ると、その後アメリカは戦略を変え、「自国標準の世界普及から、ＩＳＯ、ＩＥＣなどの国際標準獲得に大きく戦略を転換した」というのである。

これまたちょっとだけ会計の話をすると、アメリカも数年前までは自国の会計基準（ＵＳ－ＧＡＡＰ）が「世界で最も厳格かつ進歩的」であるという自負から、アメリカの資本市場に上場する外国企業にはアメリカ基準に準拠した連結財務諸表の作成を要求してきた。それがヨーロッパとイギリス連邦（コモンウェルス）諸国を中心にＩＦＲＳが幅広く採用されてきたことから、戦略を変えて、ＩＡＳＢ（リードしているのはイギリス）の定めるＩＦＲＳという国際標準を「乗っ取る」戦略に転換したのである。

アメリカは自国基準を「デファクト・スタンダード（de facto standard)」とすることを断念して、「デジュール・スタンダード（de jure standard)」になろうとしているＩＦＲＳを支配する戦略をとるようになったのである。

ここで「デファクト・スタンダード」とは、競争優位による標準化であり、力ずくの標準化といってもよい。他方、「デジュール・スタンダード」は法律や国際協定などによる標準化で、話し合いによる標準化といってもよい。ただし、形は違っても、次の原田氏の話にあるように、政治力と金と狡知《こうち》のある国が決定力を持つことに変わりはない。

5　国際標準は何のためにあるのか

それでは、国際標準は何のためにあるのであろうか。いや、国際標準は、「誰が」「何のために」作るのであろうか。財団法人日本規格協会顧問の原田節雄氏の話を聞こう。原田氏は言う。「国際標準の基本的な目的は、利便性を念頭に置いた国境をまたぐ社会の構築」で、「標準という実体は、万人のために存在し、非排他的な存在だ。」と（原田節雄「民間企業の事業戦略と国際標準化の現実―JR東日本のSuicaに見る事例」一橋大学イノベーション研究センター編『一橋ビジネスレビュー』、二〇〇九年WIN）。

しかし、標準化は言うほどきれいな話では終わらない。原田氏は、国際標準が「きれいごと」で終わらない話をいくつか紹介している。

一つ目―「始末が悪いことには、その標準を使う側ではなくて、その標準を策定する側は、常に排他的なビジネスを考えている。」

二つ目―「国際標準化ビジネスの世界にはさまざまな人が群がっているが、大きく分ければ『おカネを集めて使う人』と『生産と販売で稼ぐ人』の二種類になる。この二つの別世界に生きる人は、収益の手段がまったく違うので、相互理解が非常に難しい関係にある。」

三つ目─「技術を活用した国際標準化の成否は、技術の優劣よりも政治の巧拙で決まる。」

原田氏は国際標準化ビジネスの話をしているが、会計基準の国際標準化もこれとよく似た話で、一つ目の点では、今のIFRSはEUとアメリカの覇権争いの渦中にあり、二つ目の点では、「物づくり」では稼げなくなった英米の「金融で稼ぐための会計基準」作りと「物づくり」を得意とするアジアやヨーロッパ諸国の「中長期的経営に役立つ会計基準」作りとが対立しており、三つ目の点では、昨今のIFRSを巡るアメリカとヨーロッパとの駆け引きをみていると「理論の優劣よりも政治の巧拙で決まる」というのが実態である。

原田氏は言う。


「コンセンサスとは、複数の人間が醸成する総意のことだ。標準は総意の結晶だ。しかし、その総意が曲者だ。個性にあふれた複数の人間で構成される集団に、総意などあろうはずがない。コンセンサスとは、個人のエゴを政治交渉でロンダリングした結果の産物なのだ。」

そういえば、関岡英之氏は、『拒否できない日本─アメリカの日本改造が進んでいる』（文春新書、二〇〇四年）で、ＩＦＲＳがアングロ・サクソンに牛耳られている事態を憂えて、次のように述べていた。

「国際的な統一ルールを決めるということは、そもそもヘゲモニー（主導権）を争奪する闘いなのであり、どちらが正邪かを問う神学論争ではないのである。アングロ・サクソンの主張がまかり通っているのは、彼らの価値観が正しいからでも優れているからでもなんでもなく、単に多数派を制する狡知にたけていたということに過ぎない。」

6　ＩＡＳＢの台所事情

ＩＦＲＳは、年がら年中、いや毎月のごとく改定されている。うがった見方かもしれないが、新しい基準や基準の改定を連発すれば個々の企業はついていけなくなる。自然と、監査法人やコンサル会社に頼ることになろう。基準や改定の連発は、何のことはない、監査法人を稼がせるためであったのだ。ＩＦＲＳの開発資金は、その三分の一を世界の四大監査事務所が支出しているのは、何も、国際会計基準の開発に貢献するといった「きれいな話」ではないのだ。もっともっと稼ぐためにＩＡＳＢに「投資」しているにすぎない。

参考までにＩＡＳＢの資金の話をしよう。採用する国が一二〇か国を超えるといわれるが、最大の支持母体はＥＵである。ＥＵは、ＩＦＲＳが欧州の公益に資すべしという、一種の保護主義的発想のもとにＩＡＳＢに揺さ振りをかけてきた。ＥＵに採用してもらうためには、ＩＡＳＢはＥＵが好むような基準を作らざるを得ない。「国際」基準といっても、ＩＦＲＳはＥＵの意向を反映した、ＥＵのための基準なのだ。だから、ＥＵ企業の監査報告書には、「ＥＵが承認したＩＦＲＳに準拠」しているかどうかが書かれている。

また、そのことは、ＩＡＳＢの予算を見れば明白である。ＩＡＳＢは、会費制ではなくサポーター（国、団体、企業など）の寄付で賄っている。二〇一七年度は総額で二、五〇〇万ポンドの寄付が集まった（以下、数字はIFRS Foundation, *Annual Report 2017*.による）。一ポンド一五〇円とすると、三七億五千万円になる。

寄付の金額の多いほうから紹介すると、

（１）国際監査事務所　八七〇万ポンド（一三億五〇〇万円）

（２）ＥＵ　四一四万ポンド（六億二、一〇〇万円）（これとは別に、英仏独などのＥＵ企業等が拠出）

（３）日本　二二五万五千ポンド（三億三、八〇〇万円）

（４）中国　一九〇万ポンド（二億八、五〇〇万円）

（５）　フランス　八八万ポンド（一億三、二〇〇万円）
（６）　イギリス　八七万ポンド（一億三、〇五〇万円）
（７）　ドイツ　八三万ポンド（一億二、四五〇万円）
（８）　アメリカ　六九万ポンド（一億三五〇万円）

サポーターは二八か国とEU、それに国際監査事務所である。ＩＦＲＳを採用しているのが一二〇を超えると喧伝されているが、ＩＦＲＳの資金を出しているのは、二九か国・地域どまり（EUを一つとして）なのだ。あとはタダ乗りである。もしかしたら、「ＩＦＲＳ賛成！」と手を挙げているが、使ってないかもしれないのだ。詳しいことは、第11章で紹介する。

それにしても、日本の拠出額は大きい（アメリカの三倍！）。ＩＦＲＳを使っている企業は一六一社（二〇一八年六月現在、全上場企業三、六五二社の五％に満たない）しかない。それなのに、毎年、巨額の「寄付」をしているのは、もしかしたら、理事や評議員の指定席を買っているようなものかもしれない。

ＩＡＳＢの会費を払わされているのは、ほとんどがＩＦＲＳを使っていない日本の上場企業である。そんなことも日本の企業は知らない。能天気というか、人がいいというか。要するに、国際音痴なのだ。詳しい話は第11章で紹介する。

7 消滅する「国際」基準

ＩＡＳＢに加盟し、ＩＦＲＳを採用しているとされる国・地域が一二〇以上あるというが、その半分はイギリス連邦（コモンウェルス）の国々である（現在は五二か国、人口二四億人（http://thecommonwelth.org）。ＩＦＲＳをリードしてきたイギリスがコモンウェルス諸国に採用を呼び掛けた結果、採用国が二倍に増え、一気に国際標準の様相を呈することになったのである。ＩＦＲＳが正しいとか、自国に適合しているといった理由ではなく、ただ、盟主・イギリスの言うとおりにしたにすぎないのだ。

イギリスがＥＵから離脱した後も、ＥＵの会計基準であるＩＦＲＳの設定・開発をこれまでどおりイギリスに任せるというわけにはいかないであろう。だからといって、ＥＵに残留するドイツかフランスが主導権を握ってＩＦＲＳの設定・改正を行うようになれば、イギリスはＩＦＲＳの採用をやめて、五〇か国を超えるコモンウェルス諸国と一緒に、自分たちの会計基準を作るようになる可能性がある。もともとイギリスには資本市場向けの会計基準作りの蓄積が大きいので大きな混乱や支障は起きないであろう。そうなると、世界の主要な会計基準が四つ（アメリカ基準、イギリス基準、日本基準、ＩＦＲＳ）になり、どれ一つとして「国際」の名を冠した会計基準とはいえなくなるのではなかろうか。

第7章
会計基準はストライクゾーンか

1　ストライクゾーン
2　会計方法の選択は自由か
3　定額法と定率法の根拠
4　売れた商品の原価はいくらか
5　モノとコストの流れ
6　日本では「ストライクゾーン」説
7　ルールを守れば会計の「真実」は確保できるのか
8　ルールは守っているが不適切？

前章では、「国際標準は何のためにあるのか」という問題を会計基準（これも国際標準にされようとしている）という視点から考えた。そこでは、現在、世界中の会計基準を国際会計基準（ＩＦＲＳ）に一本化しようとしているが、ルールの統一は進化を妨げる恐れが大きいことを明らかにした。

会計基準がＩＦＲＳだけになれば、ＩＦＲＳが「高品質」なのかどうかも、不備があるかどうかも、分からなくなるのだ（前に述べたように、会計基準に「品質」などはないが）。

さらにＩＦＲＳの母国であるイギリスでは、決められた会計基準を厳しく守っても、思惑に反して、企業の実態を適切に表示できないこともあると考えている。ルールを守ってもダメだとすれば、いったいどうすればよいのか。

1　ストライクゾーン

野球では、ピッチャーが高めいっぱいに投げても、低めいっぱいに投げても、ストライクはストライクである。何も、馬鹿正直にど真ん中にストレートを投げ込む必要はない。テニスのサーブでも、サービスコートに入れば、スライスだろうがスピンだろうが、センターにでもコーナーにでも、どこにサーブしてもよい。

野球にしろテニスにしろ、ルールにはそうしたアローワンス（許容の幅というよりは選択の幅）がある。その選択幅の中に、最適なピッチングゾーンとかサービスコース、最適なスピードといったものがあるわけではない。真ん中のコースに○○キロのスピードで打ち込むのが正解で、それを多少ずれても許されるということではない。

同じようなアローワンスがあるものに、自動車の速度制限がある。この場合も同じことが言えるだろうか。高速道路のスピード制限は五〇キロ以上・一〇〇キロ以下というのが多い。その範囲内なら六〇キロで走行しても九〇キロで走行してもかまわない。

ところが、高速道路を走行すれば誰もが経験するように、自家用車が五〇キロかそこらで走るのは、かなり危険である。特に夜間やカーブのあるところでは追突される危険が大きい。昼間なら、トラックやバスにあおられるかもしれない。しかし、坂道の走行や定員いっぱいに乗った自動車、特殊な車（たとえば重装備車など）、暴風雨や降雪などの異常気象などのときは最低速度の五〇キロでさえ出せないことがある。

最低速度の規制は特殊な状況を考えて決められたことであろうから、通常の車の運行にとっては適切な速度ではない。通常は、自車が置かれている状況をよく見極めて、制限速度の範囲内で最適な速度を選択する。つまり、制限速度内であれば何キロで走行してもよいというのではなく、各車それぞれの能力や積み荷や乗員のことを考え、また、その時々の道路状況や天候によって、選ぶべき最適な速度というものがあるはずである。野球のストライクゾーンとは違うのだ。

では、会計の基準は、単なるストライクゾーンと考えるべきなのであろうか、それとも、各車が最適な速度で走行することを求めた速度制限のように、会計基準の枠内での最適な会計処理・会計報告を求めたものと考えるべきなのであろうか。

2 会計方法の選択は自由か

会計のルールには、選択肢がたくさんある。減価償却を例にとれば、定額法、定率法、級数法、生産高比例法などがある。各企業がどの方法を採用するのもまったく自由と考えるのは、会計基準をストライクゾーンと解釈するものである。

建物や機械のような固定資産の場合、価値の減少（移転）は目に見えないことが多い。そこで、固定資産の場合は、価値の減少パターンを定額的（毎期、一定額ずつ価値が減少する）と仮定したり、定率的（毎期、資産の残高に対して一定率の割合で価値が減少する）と仮定して固定資産の原価を期間に配分している。

最近の会計学のテキストには書いてないようであるが、減価償却の方法には、本来、選択の条件がある。「本来」というのは、「趣旨として」という意味である。

工場の建物とかトラックは、機能的減価（工場やトラックとしての固有の能力が低下すること）の発生が比較的少なく、メンテナンスの費用も毎期一定であることが多い。こうした特性を持つ固定資産には、各期に計上される費用（減価償却費）がフラットになる定額法が適していると考えられてきた。

他方、定率法では、初期に多額の減価償却費が計上され、後期になるにつれて償却費が小さくなる。機械や乗用車のような固定資産は、メンテナンスの費用が初期には比較的少なく、後期になると増えてくる。ホテルやレストランなどは外観（見栄え）をよくしていないと集客に影響することから、後期になるにつれて外装や内装にコストがかさむ。結局、こうした固定資産の場合、機能的には減価していなくても、経済的・競争的な視点からすると使用の後期に資産価値が大きく減少するために、後期になるにつれて修繕費などの維持費がかさむ。そこで、こうした固定資産に定率法を適用すれば、償却費と修繕費等の合計が毎期フラットになると考えるのである。

このように固定資産の特性に応じて定額法を採るか定率法を採るかを決めるならば、いずれの方法を採っても、毎期計上される費用（減価償却費プラス維持費）はほぼ同額となり、期間損益計算を乱さないであろう。

3　定額法と定率法の根拠

これが、会計学が想定してきた減価償却の選択指針で、目に見えない価値の減少（移転）を観念的にせよ「見える化」することで、償却方法の合理性・妥当性を確保しようというのである。

ところが、各企業が実際に減価償却の方法を選択するに当たっては、こうした条件よりも、計上利益のことや課税額のことへの配慮が優先されているような気がする。税法上も、建物には定額法（だけ）、機械・装置、車両運搬具などは定額法でもよいし定率法でもよいことになっており、右に述べたような選択の条件は課されていない。

今、取得原価一〇〇万円、耐用年数一〇年、残存価額（使い終わって廃棄・売却するときの予想売価）がゼロ円として、定額法と定率法の減価償却費の違いを見てみよう。定額法であれば、一年目も二年目も、一〇年目も減価償却費は一〇万円であるが、定率法なら、一年目に二〇万円、二年目に一六万円の償却費が計上され、六年目以降は六万五、五三六円（税法の二〇〇%定率法による）。定額法と比較すると一年目は二倍、二年目は一・六倍、六年目以降は三分の二になる。定額法と定率法はこれだけ各期に計上する償却費が違うのだ。その結果、当期純利益も同額だけ異なる数字になり、その固定資産の価値とされる金額も変わる。

定額法と定率法という、計算結果がまるで違う方法がともに認められてきたのは、右に述べたように、固定資産の種類に合わせて定額法か定率法を選択すれば、各期に計上される費用（償却費と維持費の合計）がほぼ同額になり期間損益計算を乱さないと考えてきたからである。ここでは、減価償却に関する会計基準はストライクゾーンとは考えられていない。

4 売れた商品の原価はいくらか

棚卸資産の原価を期間に配分する方法も、個別原価法、先入先出法、後入先出法、平均法（移動平均法、総平均法）、売価還元法、最終仕入原価法などいくつもある。いずれの方法を適用するかによって、バランスシートに記載する棚卸資産の金額も損益計算書に記載する売上原価（その結果として当期純利益も）も大きく変わる。各企業の好き勝手にしてよいというわけはないはずである。

これまた最近の教科書には書いてないようであるが、棚卸資産の取得原価（仕入原価、製造原価）を当期の費用とする部分（損益計算書に売上原価として計上される）と次期以降の原価（貸借対照表に棚卸資産として計上される）に分けるときに、右のどの方法を適用するかについては、会計理論上、次のような条件がある。「会計理論上」と言っているのは、右に紹介したいくつもの方法には、それぞれを正当化する「理屈」がある、ということである。

棚卸資産は、価値の移転（販売による減少、費消による減少）が目に見えるので、「モノの流れ」に合わせて、価値が移転（販売、費消）されると考えるのである。

高額の商品・製品（貴金属、車両、和服など）の場合は、仕入れの段階から一個ごとに原価が貼り付けられ、販売したときにはその原価（個別原価という）が売上原価とされる。この方式は「個別法」と呼ばれ、非常にシンプルで誰でも納得する方法だと思われる。

ところが、多くの棚卸資産は期中に何回かに分けて購入・製造される。購入日・製造日が違えば購入原価・製造原価も違うことが多い。同じ物品を異なる原価で取得し、これを期中に販売・費消したとき、どの原価の物品が出庫され、どのときの物品が在庫として残っているかを判別することは必ずしも簡単ではない。

そこで、会計（学）では、個別法が適用できない棚卸資産について、一定の「モノの流れ」を仮定して、販売・費消した部分と在庫として残る部分とに取得原価を配分することにしている。その際、商品や製品などの棚卸資産は、「モノの流れ」と「コストの流れ」が同じであることを想定して原価配分が行われてきたはずである。たとえば、次のようにである。

5　モノとコストの流れ

商品や原料・材料が、仕入れた順に販売・費消される場合は、モノは「先入先出」的に流れ、モノに付随しているコスト（仕入原価、製造原価）も「先入先出」的に流れる。ほとんどの商品や原料は、こうした流れ方をするので、棚卸資産の原価配分として「先入先出法」が適している。

ところが、石炭とか砂、砕石などのように腐敗もしないし陳腐化もしない商品・原材料は、しばしば野積みにされ、新しく仕入れた分をさらに積み上げることが多い。費消したり販売したりするときは、上に積まれた部分から搬出する。山積みの下の方から掘り起こして出荷するといった無駄なことはしない。モノは、仕入れた順と逆に流れる。最後に仕入れた分が最初に出荷されるのであるから、モノは「後入先出」的に流れる。モノのコストも「後入先出」的に流れると考えてよい。

石油やオイルのような液体は、同じタンクに貯蔵される場合は古い在庫と新しい仕入れ分が混ぜ合わさり、これを販売・費消するときは、新旧の液体がミックスされて取り出されるであろう。こうした場合は、モノが混ぜ合わさると同じく、コストも混ぜ合わされて「平均的」に流れると考えるのである。

商品や原材料などの棚卸資産は固定資産と違って、モノが見えるし、その移転も見える。モノの流れにコストも一緒に流れていると考えて売上原価と販売益を計算することに強い合理性があると考えるのが、まさしく合理的であろう。

6 日本では「ストライクゾーン」説

ところが、最近の会計学のテキストや辞典類には、そうした会計方法選択の条件とか選択の指針が書かれていない。企業の経理担当者に訊いても監査法人の会計士に訊いても、モノの流れとコストの流れを意識することはないという。商品等が先入先出的に流れようが後入先出的に流れようが、液体のように平均的に流れようが、モノの流れとコストを一致させるといった考えはないようである。許容される原価配分の方法であれば、無条件にどれを選択してもよいと考えているらしい。つまり、「ストライクゾーン説」である。

しかし、会計学の考え方からすれば、減価償却なら期間損益計算を乱さない方法、つまり、各期の費用がフラットになる方法を選択し、棚卸資産ならモノの流れとコストの流れが一致する方法を選択すべきなのである。残念ながら、今はそうした会計の良識を離れて、自社が望む利益数値が出るとか税金が少なくなるようにとか、経営実態の報告とは違った、不純な動機に突き動かされて原価配分の方法を選択しているように見える。

どの方法を選択するかで、売上原価も、当期純利益も、期末のバランスシートの資産価額も、大きく変わる。減価償却も棚卸資産の原価配分も、引当金の設定も、工事収益の計上も、有価証券の時価評価も、会計処理のあらゆる場面で「指針なき選択」が行われる。「ストライクゾーン説」に立てばいかなる選択をするかは優劣がない。となれば、多くの場合、自社の決算に不利な選択をするよりも、できれば有利になる選択をするであろう。

「ストライクゾーン説」に立てば、そうした選択を非難することはできない。しかし、そうした選択を重ねた結果の財務諸表が、万が一、自社の経営成績や財政状態（財務状態）を正しく表示しないことになったら、どうするのであろうか。

わが国では、会計に関する限り、ルール至上主義というか、ルールを字句通り守っていればよいとする考え方がまかり通っているようである。監査法人や公認会計士による外部監査でも、個々のルールに抵触するような会計処理などには修正などの「指導」が入るのは珍しくないが、企業がすべての会計ルールを順守して作成した財務諸表が、トータルとして見たときに、その企業の経営成績や財政状態を「適切に」表示していないとして、「指導」がなされたという話は聞いたことがない。個々のルールさえ守られていれば、全体を見たときに不適正であるとか問題があるといったことは、わが国の会計士監査では問題にされないようである。

7　ルールを守れば会計の「真実」は確保できるのか

話は飛ぶ。道路交通法の目的は二つある。交通の「安全」と「円滑」である（道路交通法一条）。ところがこの二つの目的はときに対立する。交通の安全を高めるには信号や一時停止、進入禁止を増やせばよいのだが、そうすると交通の円滑化は図れない。交通の円滑化を図るには、逆に、信号を少なくし、一時停止や進入禁止を止めるとよいが、そうすると事故が増える。相反する二つの目的を調和させながら目的を達成するように、道路交通法には多くのルールが書かれている。では、書かれているすべてのルールを守れば事故は起きないのだろうか、すべてのルールを守れば渋滞は起きないのであろうか。そんなことはない、ルールをすべて守っても事故も渋滞も起きる。

会計でも同じことがいえる。すべての会計基準を厳格に守って財務諸表を作成しても、公正妥当な財務諸表ができるという保証はない。ルールを守ればよいとして作成される日本の財務諸表は、結果として真実かどうか、公正かどうか、分からないのだ。

英語圏の諸国ではコモン・ロー的な考え方が根幹にある。すでに述べたように、コモン・ローの世界では、成文化される会社法や会計基準をすべて順守しても、企業の公正・適正な経営成績や財務状態を示すことにならないこともあると考えている。書いてあることだけを守ればよいとするルール（法）至上主義とはだいぶ違う。

ではどうするのか。法や基準に書いてあるとおりに連結財務諸表を作成しても企業の「真実かつ公正」な姿を示せないときは、法や基準の個々の規定から離脱して、企業の実態を正しく示すために最適な処理・報告をすることが求められるのである。これが「離脱規定」と呼ばれる。「法や基準から離脱してもよい」というのではない。こうしたケースでは「離脱しなければならない」のである。

わが国のように、法やルールを守ること（だけ）を求められている国では、理解に苦しむ話であろう。しかし、英語圏では、英米はもとより、カナダにもオーストラリアにも、法や基準の中に「離脱規定」が置かれ、ルールの順守よりも企業の実態を開示することを優先している。コモン・ロー諸国では、会計基準はストライクゾーンでもないし、それを順守するだけでは経営者も会計士も免責にはならないのだ（注）。

（注）平川克美氏は『グローバリズムという病』（東洋経済新報社、二〇一四年）の中で、次のように述べている。「わたしたちは、ロジカルであるということは言葉の整合性があるかどうかであると思いがちだが、どんなに言葉が整合的であったとしても、それが部分的なものであれば全体としては不整合であるかもしれないということを疑わなければならない。部分的というのは、一定の時間の中

でのみ有効であったり、部分的な空間の中でのみ整合性を持つことができたりするという意味である。」（二五八―九頁）

8　ルールは守っているが不適切？

ＩＦＲＳは、イギリスの会計観をベースにしている。この国では、右に紹介したように、会計基準をストライクゾーンとは見ていない。当然にＩＦＲＳもストライクゾーンではないのである。ＩＦＲＳを採用する日本企業は二〇一八年六月末現在で一六一社に上る（日本取引所グループのＨＰによる）というが、会計基準をストライクゾーンと考えてきた日本企業が、「ＩＦＲＳのルールを適用するだけでは適切な会計にはならない」と言われて、果たして「適切な会計」を生み出すことができるであろうか。ＩＦＲＳ採用企業には、コモン・ロー諸国の株主も多い。彼らから、「日本企業の財務諸表は（ルールは守っているけど）実態を正しく示していない」という声が上がったとき、日本の経営者や会計士は反論できるであろうか。

PART 2　―FRSの真相

―そろそろ知っておくべき裏の姿―

第8章
こんな会計を信用できるか

1 どれだけ支持を得られるか
2 資産除去債務のパラドックス
3 債務を資産に計上する不思議
4 負債時価評価のパラドックス
5 成績が上がれば損失が膨らむという不思議

1　どれだけ支持を得られるか

自然科学の理論も、会計基準も、正しさとか真実とはあまり関係がない。「正しい」かどうかは一つの見方を示すものであり、時代と状況や立場を超えて正しいとされるものはない。「姥捨《うばす》て」が正しいとされる時代もあったし、奴隷が資産としてバランスシートに計上される時代もあった。その時代には、誰も「姥捨ては人道に反する」とも、「奴隷を資産としてバランスシートに計上するのは社会正義に反する」とは言わなかった。

いつの時代にも変わらない真実があったとしても、現世では誰も知りようがない。その時代時代に真実として広く支持されているものが「その時代の真実」なのである。天動説の時代には、天動説が真実であり、格別の不都合はなかった。地球が平面だと理解されていた時代には、地球は平面だったのである。真実とは、超歴史的な真実があったとしても、誰も知り得ないし、証明できない。現代において支持されている「宇宙ビッグバン」や「万有引力の法則」などが、次の時代には「魔女のたわごと」として相手にされないかもしれないのだ。

そう考えると、企業会計原則で言っている「真実性の原則」は、あくまでも現在の世界で「真実」と考えるもの・ことを「真実」とみなしているのにすぎないことが分かる。イギリス会計の中心をなす「真実かつ公正（true and fair）」で言う真実も同じである。

誤解を恐れずに言うと、会計基準の生命線は正しさとか品質の高さではなく、「合意の高さ」にある。「正しい」とされる基準が支持されるのではなく、「支持される基準」が正しいのである。だから会計基準を作る人たちは、「正しい基準」を探求するよりも、「広く受け入れられる基準」「多くの関係者の合意が得られる基準」を設定しなければならない。

そう考えたとき、アメリカとイギリスという「金融立国」……というよりは「物づくり」では稼げなくなって金融に軸足を移さざるを得なかった国々が相談して決める国際ルールには実に不思議なものがたくさんある。以下では、そうした「ＩＦＲＳの不思議」をいくつか紹介しよう。果たして、読者諸賢は、こんな会計基準に「合意」できるであろうか。いや、こんな会計基準を「信用」できるであろうか。

2　資産除去債務のパラドックス

最初に、わが国の企業会計基準第一八号「資産除去債務に関する会計基準（以下、基準と呼ぶ）」（二〇〇八年三月三一日）を紹介する。この基準は、ＩＦＲＳとのコンバージェンス（収斂《しゅうれん》。本来は、互いのデコボコを少なくすること）のために設定された基準である。具体的には、ＩＡ

S一六「有形固定資産」、IAS三七「引当金、偶発資産及び偶発負債」とのコンバージェンスである。コンバージェンスなどといえば体裁がいいが、中身はIFRSの翻案であり、「すり寄り」「盲目的服従」に近い。

日本の基準に盛り込まれていることを考えると、IFRSを引用するよりも日本基準を引用したほうが読者には便利であろう。以下、日本基準の文言で紹介する。

基準によれば、「資産除去債務」とは、「有形固定資産の取得、建設、開発又は通常の使用によって生じ、当該有形固定資産の除去に関して法令又は契約で要求される法律上の義務及びそれに準ずるもの」（3（1））を言うとされている。建設仮勘定、リース資産、投資不動産も対象とされる。アスベストのように、「有形固定資産に使用されている有害物質等を法律等の要求による特別の方法で除去するという義務」も資産除去債務に含まれる。

少し具体的な事例を挙げる。現在使用中の建物に飛散性のアスベストが使用されているとする。「石綿障害予防規則」では、この建物を解体するときに、アスベストの事前調査を義務付け、作業中の飛散の状況に応じて除去の仕方を規定している。この建物を解体するには解体費用の他にアスベスト除去費用がかかる。この解体費用と除去費用が資産除去債務に該当するのである。

法令による資産除去債務の例としては、他にも、PCB特別措置法によるPCBの処理・運搬費用、土壌汚染対策法に基づく調査・浄化費用などがある。

もう一つ、契約の規定による資産除去債務の例を挙げる。三〇年の定期借地権契約で土地（更地《さらち》）を借りて工場を建設したとする。三〇年後に土地を更地で（原状回復して）返還する契約になっているとすれば、返還時に建物の解体費用が発生するであろう。土壌の汚染があればこれを浄化する費用もかかる。この解体費用や土地の浄化費用が資産除去債務に該当する。

基準では、こうした資産除去債務が発生し、その金額を合理的に見積もることができる場合には、これを負債として計上することにしている。一読して、（負債性）引当金を連想する方も多いのではなかろうか。

引当金は、「将来の特定の費用又は損失であって、その発生が当期以前の事象に起因し、発生の可能性が高く、その金額を合理的に見積もることができる場合」（企業会計原則注解・注18）に、当期の負担に属する金額を当期の費用または損失として計上したときの貸方項目である。

比較的近い事例としては、電力業界で原子力発電施設の解体費用について発電実績に応じて設定している「解体引当金」や、船舶安全法や消防法によって数年ごとの大修繕（特別修繕）が義務付けられている船舶や貯水槽などの固定資産に係る「特別修繕引当金」（税法上の引当金。平成一〇年度の税制改正で廃止）がある。

資産除去債務も、「将来の特定の費用又は損失」であり、「その発生が当期以前の事象に起因」するものであり、「発生（の可能性）」は確実であるから、この費用額を合理的に見積もることができる場合は「資産除去引当金」を設定する……というのが、従来からの会計処理であろうと思われる。

3　債務を資産に計上する不思議

ところが、基準は、なんと驚くことに、この債務の額を固定資産の「取得原価に加算」してバランスシートに載せてしまうのだ。つまり、債務を資産に計上するのである。これだけ言っても何のことかよく分からないかもしれない。定期借地権を例にしてみるとこんな話である。

右に例示した話では、三〇年の定期借地権契約で土地（更地）を借りて工場を建設し、三〇年後に土地を更地で（原状回復して）返還する契約になっている。返還時に建物の解体費用と土地の浄化費用が発生し、この解体費用等が資産除去債務に該当する。この土地に一〇〇億円をかけて工場を建設したとする。三〇年後にこの工場を解体して更地にして地主に返還するのである。その解体等に係る費用（資産除去債務）が三〇億円と見積もられているとしよう。

これまでの会計処理では、土地を賃借する費用は毎期の費用であり、工場の建設費用一〇〇億円は固定資産に計上される。三〇年後に発生する資産除去にかかわる費用三〇億円は、それが実際に発生する三〇年後までは認識計上されない。ただし、三〇年後には必ず建物の解体と土地の浄化に三〇億円がかかる。その三〇億円は、これから三〇年間、この土地を使用することを原因として発生するものであるから、その三〇年にわたって（毎期均等に）負担するために、毎年一億円の引当金を設定し、同額の費用を計上する。いわゆる引当金会計である。

ところが基準では、三〇年後に発生すると予想される「資産除去に係る費用（三〇億円）」を、この工場の取得原価一〇〇億円に上乗せして、バランスシートに一三〇億円として載せるのである。一〇〇億円で取得した工場の貸借対照表価額を一三〇億円とすれば、これまでの会計の常識からは「資産の水増し」という不正経理になる。基準は、なぜ、そうした不正経理をさせるのであろうか。

基準によれば、資産の取得原価に資産除去債務を加算して貸借対照表価額とすれば、取得後はその一三〇億円を取得原価として減価償却費が計算され、耐用年数が終わるころには取得原価一〇〇億円プラス資産除去債務の三〇億円が費用として計上され、同額の資金が回収されるはずだというのである。

普通の、いや、これまでの会計感覚からすれば、一〇〇億円を投資したのであるから、一〇〇億円を回収すればよいはずであるが、投下した資金（一〇〇億円）を超えて、資産除去に必要な三〇億円も「事前に」費用に計上して、「事後の支出」に備えようというのである。

買った資産が一〇〇億円だというのに、バランスシートに一三〇億円と書くのは、伝統的な会計、いやこれまでの「健全な会計（sound accounting）」の歴史の中では、ありえない話である。

ＩＡＳＢは将来的には「全面時価会計」を画策しているので、いずれは固定資産の時価評価が導入されるかもしれないが、その場合であっても取得した段階では原価評価（取得時には原価と時価が同じなので時価評価ともいえる）するであろう。それを、買ったとたんに取得原価を支払対価額を超える金額にしてバランスシートに記載するのである。普通の経済感覚を持った人なら誰もが「おかしい」と感じるのではないであろうか。ＩＦＲＳの七不思議の一つである。

ただし、そうした疑問を感じるのは、会計を「事業を続けるためのツール」と考えている人たちであり（私もその一人だが）、会計をもって「会社を売り買いするための道具」と考えている人たち（ＩＦＲＳ族）は、バランスシートに、「企業を即時に解体するとすれば、資産・負債はいくらになるか」を書いて欲しいのだ。資産除去債務は、まさしく、企業を即時に解体するとすれば清算しなければならない債務として、解体目的のバランスシートの貸方に掲げられ、その反対科目として資産の水増しが行われるのだ。

4　負債時価評価のパラドックス

もう一つ、普通の経済感覚からは何とも説明のつかない例を挙げる。それは、「借金（負債）

が利益に変わる」という、危ない企業には嬉しい話である。しかし、逆に、「会社の信用が高くなれば、借金が増える」という話で、健全な経営をして格付け（信用）が上がった会社にとっては悪魔的な話でもある。

世界的な金融動乱の引き金となったのはアメリカの大手投資銀行リーマン・ブラザーズの破綻であった。実は、リーマンは破綻が近づく中で、経営危機を逆手に取ったとんでもない会計処理を行っている。同社は二〇〇七年度に九億ドル、二〇〇八年度にも二四億ドルに上る「負債の時価評価益」を計上しているのだ（一ドル一〇〇円として、三、三〇〇億円）。これは、リーマンの格付けが下がった（信用リスクは上昇）ため、自社の債務（金融債務）を買い戻す価格（移転価格）が下落し、評価益が出たとするものである。

金融資産（有価証券やデリバティブ）の時価評価の陰に隠れて話題にならなかったのが「負債の時価評価」である。日本の会計基準では負債を時価評価することが認められていないこともあって、負債時価評価の問題もあまり議論されてこなかったが、アメリカ市場に上場している（したがって連結財務諸表はアメリカのＳＥＣ基準によって作成）野村ホールディングスが、同じ時期に六〇〇億円の負債時価評価益を計上したこともあって、少し注目を集めている。

バランスシートの資産側（特に、金融商品）を時価評価するなら、負債のほうも時価評価しないとバランスシートが企業の正しい財務状態（財政状態）を示さなくなってしまうであろう。借方（資産）は時価、貸方（負債）は原価（名目額）というのでは理論的な整合性もないと言えるであろう。

多くの企業（特に金融機関）では、ＡＬＭ（assets and liabilities management：資産負債の総合管理）の手法を使って、短期資産と短期負債をマッチングさせて流動性リスク（短期の支払義務を果たせなくなるリスク）に備え、長期の債務（社債や長期借入金）は長期資産（固定資産）に投資するといった財務戦略を取ってきた。

それが、「資産だけが時価評価され、負債は名目額のまま」というのでは、せっかく取ったマッチングが意味をなさなくなってしまう。それでは、負債も時価評価すればよいのかというと、負債の時価評価は通常の経済感覚や世間の直感と合わないのである。

数字を挙げて説明しよう。今、ある会社が、三年後に満期を迎える（三年後に償還して、負債を返済する）約束の社債を一、〇〇〇億円発行したとする。

単に「社債」というとしばしば誤解されるので、老婆心ながら二つの意味を書くと、一般に投資家が「社債」と呼ぶのは「有価証券」としての社債であり、どこかの会社が資金調達のために発行した債務証券（簡単に言うと「借用証書」）である。本章で取り上げている「社債」は、資金調達のために発行する確定利付きの債務証券で、発行会社にとっては「負債」になるものをいう。投資家から見れば株式と同じ投資の対象であり、発行会社からすれば「借用証書」である。

社債は、一口一〇〇円で発行されるが、その会社の信用度（格付け）や約定利率（社債に約束している金利）、さらには市場金利などが勘案されて、実際には、一〇〇円で発行されずに、九八円（割引発行）とか一〇二円（割増発行）で発行されることが多い。

この会社が社債を一口九七円で発行（割引発行）したとすれば、総額で九七〇億円の現金が手に入る。この時点での負債は九七〇億円、市場に出た社債の時価も一口九七円、総額で九七〇億円である。この社債の発行が期末近くであったら、貸借対照表の貸方・負債の部に「社債九七〇億円」と記載される。

発行した直後に、この社債を市場で買い戻して借金（社債）を帳消しにしようとすれば、一口について九七円、総額で九七〇億円、つまり、社債を発行して得た資金九七〇億円を全部使わなければならないであろう。

会社が社債を発行した後に経営事情が悪化して会社の格付けが下がったとしよう。格付けが落ちれば、その会社が発行している社債の時価（社債の取引市場での取引価格）が下がる。今、社債の時価が七〇円になったとする。ここで自社が発行した社債を買い戻そうとすれば、一口について七〇円、総額で七〇〇億円あればよい。社債を発行したときに九七〇億円手にしたが、それを帳消し（債務の返済）にするのに七〇〇億円で済むのだ。二七〇億円は手元に残る計算になる。

負債の時価会計では、社債の発行時に九七〇億円であった負債を七〇〇億円として評価し直して、二七〇億円の評価差益を計上するというものである。

会社の信用が下落したにもかかわらず、自社が発行した社債の時価下落分を利益として計上するというのは、通常の経済感覚と懸け離れているのではないであろうか。もしもそれが正しいというのであれば、格付け（会社の債務返済能力）が下がれば下がるほど、会社が信用を失えば失うほど、負債の評価差益が大きくなり、会社が破綻する寸前には、自社の負債のほとんど全額が利益に計上されるのである。

これは「健全性」「保守主義」「安全性」を尊んできた近代会計の理念・思想とまったく合わないし、それ以前に、多くの生活者の直感や経済感覚と合わないのではなかろうか。こうした現象を「負債時価評価のパラドックス」と言う。

5　成績が上がれば損失が膨らむという不思議

以上の話は、「会社の信用が下がると、（その会社の負債の）評価益が出る」という、どこか「悪魔の会計」みたいな話であった。次に、「会社の信用が上がると、負債の評価損が出る」という話をする。

たとえば、信用度の低い会社がジャンク・ボンド（信用度が低いために市場での取引価格は低いが、約定利息は高く設定されている）を発行したとする。たとえば一口一〇〇円の社債を八〇円で発行、しかし、約束している金利（約定金利）は年利一〇％のように高金利であるとする。格付けはBクラス・マイナスで、社債は現在の市場では、八〇円で取引されているとしよう。

ところが、この会社の経営陣や従業員が努力して、高収益の会社に改革し、財務体質も改善した結果、格付けがAクラスになったとする。この会社が発行している社債は、今では九〇円でなければ買えないとしよう。自社の社債を買い戻すには、八〇円ではなく、九〇円が必要になるとすると、一口について一〇円の追加資金が必要になり、それだけ損失が生まれたのであるから「負債時価評価損失」を計上することになる。えっ?、会社の信用が高くなったら損失が生まれる?

負債の時価評価は、かくも不思議な世界である。信用を失えば失うほど利益が増えて、信用が高まれば高まるほど損失が大きくなるのである。読者の皆さんは、こうした話に納得されるであろうか、「会計理論から見て正しい」と考えるであろうか。

第9章

「当期純利益」の表示を禁止したいIASBの腹のうち

1　「物づくりの会計」から「金融の会計」へ
2　当期純利益を廃止して「包括利益」一本に
3　「包括利益」の中身
4　「包括利益」は「数字転がし」の儲け

1 「物づくりの会計」から「金融の会計」へ

これまでの世界の会計は、製造業や流通サービス業を想定して、その年の売上高（収益）からその年に使った費用を差し引いて、残りがあれば利益とする会計方式であった。企業の努力（使った費用で測定される）とその成果（収益の額で測定される）の差額が「当期純利益」として報告されるのである。

この方式は、年間を通して安定的な事業を営み、中長期にわたって継続的な経営を続ける企業、たとえば、「物づくり」の国である日本や欧州・アジアの諸国の会計として最もふさわしいものである。世界中の国々では、少なくとも、ここ七〇年間（アメリカが大恐慌を経験した一九二〇年代以降、ごく最近まで）は、この会計方式（最近では「収益費用アプローチ（収益費用法）」と呼ばれる）を採用してきた。

ところが、世界の最強国であるアメリカが、「物づくり」の国から脱落してしまった。二〇年ほど前までは、アメリカの企業が稼ぐ利益の半分は製造業であったが、今では、それが三割にまで落ち込んでしまっているという。製造業の衰退は、アメリカの自動車産業を見ればよく分かる。

皆さんの自宅（あるいは会社）にアメリカ製のものはあるであろうか。乗用車やトラックはどうだろう。冷蔵庫・掃除機・時計・化粧品・筆記具・ゴルフやテニス用品……三〇年か四〇年ほど前までは、アメリカの製品はどれもこれも光り輝いていて、それらを手にすることは日本人の夢であった。

それが、今では、メード・イン・USAを売っている店を探してもなかなか見つからないほど、アメリカ製品は人気がなくなってしまった。今では、アメリカ製といえば「バカでかい」「アフターサービスが悪い」「値打ちにくらべて売値が高い」「製品が荒っぽい」……といった声が支配的である。長年あこがれてきた日本人が「買いたい」と考えるアメリカ製品がないのだ。アメリカ人も、欲しいアメリカ製品が少ないに違いない。

そうした事情を反映したのか、今では、アメリカの企業は軸足を「物づくり」から「金融」に移し、全企業の利益の三割強を金融業が稼いでいるという。

2　当期純利益を廃止して「包括利益」一本に

これまで多くの投資家の間で、企業の業績を示す指標として最も高い評価を受けてきたのは、当期純利益の数値であった。当期純利益は、当期において実現した収益からこれを稼得するのに要した費用を控除して求めるために、「当期に実現した利益」、「キャッシュ・フローの裏付けをもった利益」、「分配可能な利益」という特徴を持つとされてきた。中長期にわたって安定的な経営を続ける企業にとっても、中長期の視点から投資先を決める投資家の目線からも、最も信頼のできる指標が当期純利益だったのである。

3 「包括利益」の中身

ところが、国際会計基準（ＩＦＲＳ）を設定してきたＩＡＳＢは、その創設（２００１年）以来、損益計算書に表示する「利益」として「当期純利益」を廃止し、「包括利益」に一本化する方向で準備を進めてきた。

包括利益には実現するかどうか不明な評価差益（「その他の包括利益」）がたっぷり含まれている。確実な純利益を報告するのを止めて、不確実な評価差額を含めた包括利益だけを報告するというのである。一体、ＩＡＳＢは何を考えているのであろうか。

純利益を廃止する理由として挙げられるのは、純利益計算の恣意《しい》性、操作性である。たとえば、含み益のある資産（有価証券でも不動産でも）をいつ売却するかによって利益を計上する時期を恣意的に操作することができることが問題視されている。

確かに、有価証券の含み益などは「利益の貯金箱」みたいなもので、企業は当期純利益が少ないときに売却・実現して純利益の不足を補ってきた。「利益の計上時期を恣意的に操作」するという指摘は当たっているのだ（注）。

（注）　確かに、日本企業は、事業会社も金融機関も、純利益を増やしたいときに株を売って含み益を実現してきた。「益出し」である。しかし、隠れてやったわけでもなければ、益出しの事実を隠したわけでもない。株による益出しが悪いというが、期末近くのバーゲンセールも「益出し」である。でも、誰もバーゲンセールが悪いとは言わない。経営者も「決算セール」などと銘打って当期の利益を確保するための安値販売であることを正直に謳《うた》っている。経営者は、期末の決算セールで商製品を現金化して従業員に給料を支払う財源を確保しようとする。株の売却も計算上の利益をひねり出すのとはわけが違う。企業には株の売却によるキャッシュが手に入り、給与やボーナス、納税、配当の財源とするのである。こうした経営判断のどこが悪いのであろうか。

企業が含み益を持つことは経営として健全なことであり、それをいつ実現するかは経営判断であろうと思われる。有価証券も不動産も、経営者にしてみれば売るとなれば最も有利に売却できる時点を探してベストな選択をするはずである。所有する株の価格が低迷しているときには売らず、株価が上昇したときに売る、それは経営者として当然の判断であろうと思われるのだ。ＩＡＳＢは、そうした経営者の選択や経営努力を「利益操作を目的」としたものとして「利益の計算」から排除しようというのである。ＩＡＳＢは、「経済音痴」なのだろうか。

ところが、「その他の包括利益」には次のような項目が含まれる。たとえば、金融商品の評価差額（未実現損益。期末現在、実現可能な部分もある）、為替換算調整勘定（未実現損益。期末現在、実現不可能）、年金数理上の利得・損失（経営者の裁量が大きく働く可能性がある）などである。「その他の包括利益」を構成する項目はどれも客観的に金額が決まるものではなく、むしろ、当期純利益の計算よりもはるかに「自由度」が高いといえるのではないだろうか。

たとえば、金融商品やデリバティブ（金融派生商品）の評価に当たっては、市場の価格だけではなく「経営者が合理的と考える金額」や「自社データに基づく見積り額」までも時価（フェア・バリュー）とすることが認められてきた。アメリカの時価会計は「マーク・ツー・マーケット」（市場価格を指標とする）と言いながら、何のことはない、実態は「マーク・ツー・マジック」、つまり、「何でもあり」だったのだ。

あえて言うまでもないことであるが、評価益を利益とするようになれば、現行の経済メカニズムは崩壊しかねない。たとえば、株を買って保有するだけで利益を計上できるとなれば、安く買って高く売るというモチベーションが働かなくなり、証券市場は成り立たなくなるであろう。株は骨董品ではないのだ。株を買う（株に投資する）ということは、多くの場合、値が上がったら売ることで投資を回収し、さらに回収余剰としての売却益を手に入れようということである。証券取引所の皆さんも証券会社の皆さんも、盛んにＩＦＲＳを推奨するが、ＩＦＲＳの世界では株を売買しなくても評価益を計上できるので、わざわざ手数料を払ってまでして株を売ることはしなくなるであろう。ＩＦＲＳを使えば証券市場も低迷し証券会社にも閑古鳥が鳴くことになることに気がつかないのであろうか。

確かに、企業が報告する当期純利益は、大きな変動（政変、戦争の勃発、大型の台風や地震・津波、長期の天候不順など）がなければ、毎期、ほぼ同じような金額が報告される。そういうときは、投資家は動かない。去年と同じ利益だとなれば、その企業に対する期待値も変わらないから、売ったり買ったりするモチベーションが働かない。それでは、証券会社も証券取引所も閑古鳥が鳴く。

しかし、ＩＦＲＳを適用して、当期純利益に代えて包括利益を報告するとなると、事情は変わる。包括利益には、株などの評価益がたっぷり含まれているので、毎期毎期、大きく変動する可能性が高い。企業の経営業績は同じでも、証券市場が動けば、企業が報告する「包括利益」は大きく変動する。投資家は、その包括利益の変動につられて、株を売買するであろう。かくして、株の売買の手数料を取る証券会社も証券取引所も財布が潤うことになる、と期待するのであろう。

要するに、証券会社も証券取引所も、企業の報告する利益が乱高下することを期待してＩＦＲＳの採用を推進しているのだ。何も、投資家のためにとか企業のために、などといったピュアな考えがあるわけではない。

右に紹介した項目は、現段階においてその他の包括利益を構成するとされる項目である。ＩＡ

SBは資産負債法を徹底して、資産も負債もすべて時価評価する「全面時価会計」を目論んでいるから、将来的には「その他の包括利益」とされる項目はさらに増えることも考えられる。

包括利益の計算においてはこうした大幅な自由度を許容しておきながら、他方で当期純利益の操作性を非難するのは的外れどころか、そこに何らかの「隠された意図」があるからではないであろうか。当期純利益が操作可能だから表示を禁止する、というのは口実に過ぎないように思われるのである。

4 「包括利益」は「数字転がし」の儲け

では、何がIASBやFASBを「当期純利益廃止」に向かわせているのであろうか。決して、証券会社のためとか証券取引所のため、といったことを考えているわけではないように思うのである。

資産負債アプローチ、未実現の評価損益の計上、フェア・バリューによる評価、包括利益への一本化、こうした一連の流れから透けて見えるのは、「物づくり」による利益という、まっとうな稼ぎ（これこそ当期純利益）ができなくなった英米が、伝統的な経営・健全会計をあきらめ、会計を自分たちに都合のよい「数字合わせゲーム」に変えようと躍起になっている姿である。

コンピューター上の数字を少し変えるだけで巨万の富が転がり込んでくるとなれば、汗水流し知恵の限りを尽くし、夜昼の区別なく「物づくり」に励むことはアジア諸国や欧州大陸諸国に任せておけばよいと考えるのであろうか。そして、自分たちはその果実を合法的に、例えば国際的に承認された会計基準を使って手にする方法を考えればよいと考えるのである。

「物づくり」の利益は、キャッシュ・フローの裏付けのある堅実な儲けであることは誰もが知っている。「物づくり」では稼げなくなった英米は、実現した利益である当期純利益を表示して欲しくないはずである。「当期純利益廃止論」の真のねらいはここにあるとみてよいのではないかと思う。

第10章

IFRSで荒稼ぎしようとする人たち
―日本にもいる、仮面をかぶった強欲者たち―

1　会計基準の変更で得をする人たち

会計制度や会計基準が大きく変わると「得をする」人たちがいる。言うまでもないが、監査法人やコンサル会社、情報処理会社は、ＩＦＲＳセミナーから始まって、顧問先の会計システムの作り直し、ＩＦＲＳ対策室の創設、社内会計処理マニュアルの作成、経理スタッフの増員や教育、あらゆる文書の作り直しなど、ありとあらゆるところで稼ぐことができる。このことは、少し前の内部統制騒ぎが証明してくれる。

つまり、「ＩＦＲＳは金になる」のである。それも、ＩＦＲＳの中身がコロコロ変わってくれるのがいい。企業の経理部門では追いつけないくらい頻繁に新基準が出たり改正が行われたり、日本語訳のＩＦＲＳでは何を言っているのか分からないような基準であれば、なおよい。幸か不幸か、ＩＦＲＳの公式訳とされている文書は日本語で書かれているが意味不明な箇所が散見される。そうなると、企業としては、監査法人やコンサル会社に頼らざるを得なくなる。監査法人やコンサル会社にしてみれば、「ＩＦＲＳは金になる」のである。

内部統制騒ぎのときは、ちょうど公認会計士が急増している時期でもあって、各監査法人は試験に合格したばかりの「会計士の卵」を大量採用し、所内教育もそこそこに監査対象の会社（クライアント）に連れて行った。実務経験がなくても、あるいはその企業や業界のことを知らなくても、いや、内部統制の知識などなくても、ともかくクライアントのところへ連れて行くだけで「専門家としての報酬」を請求できた。そのため、企業の経理担当者が会計士の卵に、自社や業界のシステムや慣行を一から教える羽目になり、「金を払って教えているようなものだ」といったボヤキが聞こえたものである。内部統制の仕事がなくなった途端に、不幸なことに新人の会計士たちも監査法人の中で邪魔者・金食い虫扱いされ、多くは監査法人を辞めている。

今は、監査法人もあまり仕事がない。だから、稼ぐことができるＩＦＲＳの導入は大歓迎なのである。コンサル会社も情報処理会社も「ＩＦＲＳでひと稼ぎしよう」とパイの奪い合いを演じてきた。それも「オオカミ少年」のごとく、大手の企業の危機感をあおって「国際線のバスに乗り遅れるな」を合言葉に、がむしゃらな営業（押しつけ販売にちかい）をしてきた。

2　セミナー講師の憂鬱

前述のように、ＩＦＲＳの導入に当たっては、システムの変更やスタッフの増員・育成などに巨額のお金がかかる。導入の際は、情報処理会社やコンサル会社、監査法人などがサポートしてくれるというが、実は、ＩＦＲＳへの対応ができる人材は極めて少数である。英米の会計制度や商慣習に精通していて、しかも英語が堪能な会計士やコンサルタントは、日本国内にはほとんどいない。そんな人材がいれば、さっさとアメリカの会計事務所に移籍するであろう。聞くところでは、収入はざっと一〇倍ほどにもなるという。

地方では、監査法人やコンサル会社による「ＩＦＲＳセミナー」「ＩＦＲＳ対応講座」などが開催されることは少ないし、開かれたとしても東京会場からのライブ講座などが多く、講師に質問することさえできないという。

若い友人の会計士が言うには、正直に、ＩＦＲＳセミナーの講師を務めるのは「震えあがるほど怖い」という。「（セミナーの）前日に鵜のようにＩＦＲＳの文言を飲み込み、未消化のまま吐き出すしかない」というのだ。質問などされてはたまったものではないので、質問を受け付けなくて済むように、終了予定時間を大幅に超過するといった涙ぐましい工夫までしているという。

それは無理もないことだと思う。日本では、二〇〇九年に企業会計審議会から出された中間報告で、「連結先行」と「全ての上場会社に強制適用」というプランが提示された。金融庁の審議会から出された報告書ということから、産業界も会計士業界も「天の声」と受け止めた感があった。その結果、わが国では「ＩＦＲＳありき」「強制適用ありき」というシナリオが既定路線であるかのように広まり、ＩＦＲＳの中身をよく検討しないまま、形だけＩＦＲＳに合わせた財務諸表（それも、世界の常識を知らずに連結だけでなく個別財務諸表にもＩＦＲＳを適用して作成した財務諸表）を作ろうとして、それへの対応のためコンサル会社や監査法人に巨額の金を「貢いできた」のである。

3　コンサル会社の投資と回収

そのコンサル会社であるが、「ＩＦＲＳは金の生る木」とばかり、ＩＦＲＳ対応のために新卒者を大量採用し、社内でにわか仕立てのスタッフを養成してきた。社内研修用のテキストや教育マニュアルを開発（ほとんどはアメリカの監査事務所などが書いた解説書の翻訳であったが）し、セミナー用の教材を開発し、ＩＦＲＳ用の会計ソフトを開発し……ある証券会社系のコンサル会社は、数百億円の規模の「ＩＦＲＳ投資」をしたと聞く。

それも「全上場会社に強制適用」というシナリオを信じて、数年で回収し、あとは荒稼ぎをねらってのことであった。ところが「強制適用」が消えて「任意適用」になり、ＩＦＲＳを採用する企業が予定（上場会社三千数百社）の一割どころか五％に満たない（二〇一八年六月現在の適用会社、一六一社）。

ＩＦＲＳを採用する企業が大幅に増えないと、この投資は回収できない。コンサル会社のＩＦＲＳ部門は、一時は飛ぶ鳥を落とすほどの花形部門であったが、今では、冷や飯食いの部門に墜ちてしまっていると聞く。

コンサル会社は、その先行投資をなんとしてでも回収しなければならない。回収するには、まずはＩＦＲＳを採用しようとする企業が急増することが必要である。かつての「全上場会社に強制適用」といった話が復活するようなことにでもなれば回収のチャンスが生まれるが、しかし、経済大国であるアメリカも中国も、国内企業にＩＦＲＳを全面的に適用する可能性はないに等しい。そんなときに、いくら国際音痴だといっても日本がＩＦＲＳを強制適用するとは考えられない。コンサル会社の投資は「不良資産」になったといってよいであろう。

4　株の乱高下を期待？

ＩＦＲＳで荒稼ぎを企んできたのは、監査法人とコンサル会社だけではない。証券取引所も証券会社も、ＩＦＲＳは千載一遇の稼ぎどころであったはずである。証券市場も証券会社も、バブル時期に大もうけした後、鳴かず飛ばずの時代が続いた。ところが、ＩＦＲＳは金になるのだ。その話を書く。

証券市場が平穏で株価も安定しているなら、投資家も証券会社も出番がない。株価が上下、できれば乱高下するときが投資家や証券会社、さらに証券取引所の稼ぎどきである。それが、原価主義と実現主義を基調とする伝統的な財務報告では、経済が安定している時期には営業利益や経常利益が四半期ごとに大きく変動するなどということは少ない。それでは四半期の決算発表をしても決算短信をだしても株価への影響は小さく、投資家や証券会社、さらには証券取引所が稼ぐ場がない。

デフタ・パートナーズグループ会長の原丈人氏も次のように述べている。

「投機家にとって最も望ましいのは、株価が乱高下することです。上がれば空買いで儲かるし、下がれば空売りで儲かる。相場が動かない状態が、最も儲かりません。」(『「公益」資本主義　英米型資本主義の終焉』文春新書、二〇一七年、九〇頁)

企業がＩＦＲＳを導入して「包括利益」を公表するようになれば、企業の業績とは関係なく株価が変動する。なぜならＩＦＲＳによる損益計算書には「包括利益」が記載されるからである。包括利益には、有価証券などの評価差額(評価益も評価損も)が含まれるから、四半期ごとの業績(経営成績)が変わらなくても株式市場や為替市場が動けば報告利益(包括利益)も大きく変動する。

包括利益が大きく変動すれば投資家の期待(思惑)に作用して株価も大きく変動し、株の売買が活発になり、証券会社も証券取引所も稼ぐことができる。株価が動かないことには、証券会社も証券取引所も稼げないのだ。企業会計審議会などで証券会社や証券取引所の関係者が声高にＩＦＲＳを推奨するのもこうした事情があるからではなかろうか。日本経済のためとか、日本企業の資金調達を円滑にするためとかいうけれど、何のことはない、自分のサイフが重くなるように画策しているのだ。

海外の投資家に便利なようにＩＦＲＳを推奨するといった声も聞こえるが、本音だろうか。海外からの旅行者に便利なように、日本語をやめて英語（中国語、韓国語、スペイン語……）にしようというのと変わりがない。要するに、詭弁《きべん》なのだ。

東京市場が存在するのはなぜか。日本企業が資金調達するための場ではないのか。日本で資金を調達する企業であれば日本の会計基準（Ｊ－ＧＡＡＰ）を適用するのが当然であろう。「それでは外国の投資家には不便だ」というのであれば、外国企業が勉強するか日本のアナリストの力を借りればよい。海外で資金調達する日本企業は、どこもそうしてきたのである。

九九・九％の外国企業は東京市場に上場していない。日本の九九・九％の企業もニューヨーク市場には上場していない。海外から資金を調達したい企業だけが、ＩＦＲＳを採用するなりアメリカ基準を使うなりの努力をすればよいのであり、国内の資金調達で間に合うと考える企業まで巻き添えにすることはなかろう。

5 一番強欲なのは「企業解体の利益」をねらうハゲタカ

監査法人も、証券会社も、証券取引所も、ＩＦＲＳが何であるかに関係なく、自分のサイフが重くなる絶好のチャンスととらえて「ＩＦＲＳ連合軍」を結成してきた。自民党や金融庁の後押しもあり、「勝ち馬」に乗ったつもりであったろうと思われる。

しかし、彼らのサイフは小さい。もっと大きなサイフを手に、ＩＦＲＳでぼろ儲けしようとしているハゲタカがいるのだ。その話をする。幸にして、今はまだ日本では飛んでない。

ニューヨークで長年にわたって投資銀行を経営している神谷《みたに》秀樹氏は、次のような話をする（神谷『強欲資本主義　ウォール街の自爆』文春新書、二〇〇八年、一五－一六頁）。

「主役である実業を営む方たちの事業構築を助けるのが金融本来の仕事のあり方」であるが、ところが「アメリカの金融業界、とりわけウォール街の現状は、まったく様相を異にしている」。「近年の世界的な金余りによって、プライベート・エクイティー投資（ファンドによる企業の経営権を握る投資）が潤沢な資金を吸収して巨大化」し、その「借りたお金」で実業を営む企業の買収に向かった、と。

神谷氏は言う。
「金融資本が『主役』となってしまい、本来であれば『主役』であるはずの実業を営む企業（産業資本）は支配される側、即ち『資本家の奴隷』となってしまったのである。」
「金融資本は、自らが買収した企業から、利益を絞り取れるだけ絞り取ってしまうのだ。彼らは『その仕事』に興味を持ち『その事業』を行うために投資するのではない。事業は何でもよい。『純粋に金融収益を上げること』、『安く買って高く売って儲けること』、『お金がお金を生み出すこと』こそが、彼らの最終目的なのである。」

これまでも繰り返し「ＩＦＲＳの真の目的」が企業の買収と買収後の企業解体の利益を計算することにあることを書いてきたが、ニューヨークの投資銀行家の話は実に説得力がある。ＩＦＲＳは、買収しようとする会社の資産は売却時価で負債は清算価値で計算させて、差額の「企業解体利益」を知るための評価基準である。買われる会社に、自分の「売却価格」を計算させるものだと知ったら、会社を売る気のない経営者はＩＦＲＳを採用しないのではなかろうか。

ＩＦＲＳを採用している会社の社長さんにお聞きしたい。あなたは会社を売る気ですか。仮に、会社を高く売ることができても、神谷氏の言うとおり、買収した人は、あなたの会社の事業には関心がなく、買ったらすぐに資産をバラバラにして売却し、負債は清算して、従業員はすべて解雇する（退職給付債務が時価（即時清算価値）で計上されるのは、そのため）のです。それでも良いとお考えですか。

ＩＦＲＳを採用している会社の従業員の皆さんにお聞きしたい。あなたがお勤めの会社は、社長さんが「高く売れるなら、身売りしたい」と考えているようである。あなたがお勤めの会社がいくら高く売れても、あなたは解雇される（退職給付の会計基準を読むと、企業を買収したら従業員を全員、即時に解雇する場合の退職給付を計上させるようになっている）。考えていただきたい。もしかしたら、あなたの会社の社長さんは、ＩＦＲＳが何者であるかも、ＩＦＲＳを採用したら買収されるリスクが高くなることも、何も知らないのではないだろうか。

監査法人や証券会社の口車に乗せられて、「世界中の会社が使っている」とか「日本の上場企業は全社適用することになっている」とか、「早くしないと、間に合いません」とか「隣の会社も適用することに決めました」とか、ありとあらゆる、考えられる限りの誘いや脅迫まがいの声掛けがあったと聞く。

多くの社長は、経理に疎《うと》い。経理に詳しくないことを自慢する社長も多い。そこを、監査法人やコンサル会社がつけ込むのだ。ＩＦＲＳを採用している会社、採用を予定している会社の従業員の皆さん、さっさと転職を考えるか、労組などを通して社長の翻意を促すか、手を打つことをお勧めする。過激ながら、自社株を買って、株主総会で問い詰めるという手もあろう。

第11章

日本企業から巻き上げて、ＩＡＳＢに貢ぐ
―東証と金融庁の錬金術―

1　最高のスポンサーは日本
2　ＩＦＲＳ財団の台所事情
3　気前のいい日本
4　財布のひもを引き締めるアメリカ
5　東証とＡＳＢＪに巻き上げられる日本企業
6　環太平洋会計基準？

1　最高のスポンサーは日本

ところで、ＩＦＲＳを設定・改正するのにどれだけの費用が掛かるか、ご存知であろうか。その費用の一部を、実は、本書をお読みの皆さんの会社がご負担になっていることはご存知であろうか。間接的にではあるが、日本の上場会社は、ＩＦＲＳを使っていようが使っていまいが関係なくＩＦＲＳの費用を負担させられている。それも、こっそりと。

ＩＦＲＳの設定には巨額の資金が必要である。財団の施設や運営費、理事や評議員、スタッフの報酬・旅費交通費などさまざまな費用が掛かる。とりわけ、国際会計基準審議会（ＩＡＳＢ）の理事に対する報酬は巨額だと聞く（二〇一七年にＩＡＳＢの理事とスタッフに支払った報酬は、総額で一、五八一万ポンド、約二三億七、九〇〇万円）。各国に影響力のある人材を集めるためだとの話も聞くが、トップの意向に従順に従うように（つまり、口封じのために）巨額の報酬等を払っているという噂も聞く。理事クラスなら、年に一億円を超える報酬を払っているとも聞く。

それだけの高額報酬を約束されていれば、ＩＡＳＢの方針に盾突く者はいないであろう。ＩＡＳＢの理事は、「金で買われている」と断言する人もいる。では、その金は誰が出しているのか。

ＩＡＳＢの活動資金を調達してきたのは、ＩＦＲＳ財団である。ＩＦＲＳ財団が資金を集め、

ＩＡＳＢがその資金を使ってＩＦＲＳの設定・改正を行ってきた。そのＩＡＳＢの活動資金であるが、国としては、数年前までアメリカが最高額を、日本が二番目に大きな資金を拠出してきた。

おかしな話であるが、ＩＦＲＳに対して大きな距離を置くアメリカ（自国企業がＩＦＲＳを使うのを禁止）と日本（使いたい企業だけが使う任意適用。上場企業の五％に満たない）がＩＦＲＳ財団の台所を支えてきたのだ。アメリカと日本が資金の提供をやめれば、ＩＡＳＢ・ＩＦＲＳはたちまち立ち行かなくなる。それは、ありえない話ではない。現にアメリカは、数年前からほとんど資金を出さなくなってきた。そのために現在では、日本が最大のスポンサーになっている（詳しいことは後述する）。

2　ＩＦＲＳ財団の台所事情

ＩＦＲＳ財団にお金を出しているのは、誰・どこの国であろうか。財団の最大のサポーター（資金提供者）は、国際監査事務所である。四大国際監査事務所の、デロイト、ＫＰＭＧ、アーンスト・アンド・ヤング、プライス・ウォーターハウス・クーパースは、毎年、それぞれが二五〇万ドル（一ドル一〇〇円として二億五千万円）合計一、〇〇〇万ドル（一〇億円）を出してきた。その他の国際会計事務所を合わせると、二〇一七年度で一三億円を拠出している（IFRS

Annual Report 2017. による。以下、同じ)。実に気前がいいともいえるが、損得計算の専門家集団である、それを上回る見返りがなければこんな巨額のカネは出さない。

ＩＦＲＳ財団が二〇一七年度に受け取った資金は二、五〇〇万ポンド(一ポンド一五〇円として三七億五千万円)であるから、なんと三五%を国際監査事務所が負担しているのだ。資金の出どころが偏っていることは、その影響力によって設定される会計基準(ＩＦＲＳ)に偏りが生じてもおかしくはない。

財団への資金提供額は、これら国際監査事務所がトップであるが、次に大きいのは欧州連合(ＥＵ)で四一四万ポンド(六億二千万円)である。ＥＵの場合、ＥＵ本部からの拠出だけではなく、イギリス、ドイツ、フランスなどの主要国も別に拠出している(上記三か国は、それぞれ一億二千万円ほど)。他のＥＵ加盟国はほとんど国として資金を出していない。

二〇一七年の場合、資金を拠出している国は別表のとおりである(資金を、国ではなく、公的機関、個別の企業などが出しているものを含む)。ＩＡＳＢは、一四四もの国がＩＦＲＳを採用していると喧伝しているが、その実、ＩＦＲＳのサポーターは二八か国にとどまる。残りの一一六か国はフリー・ライダーということになるのか、あるいはＩＦＲＳを採用しているというのは表向きだけの話かもしれない。ＩＦＲＳは、もともとＥＵのために開発された基準である。だからこそ、ＥＵは四一四万ポンド(六億二千万円)(二〇一七年)という巨額の負担をしているのだ。ところが、表に見るとおり、ＥＵ加盟国二八か国のうち国または企業がＩＦＲＳ財団に資金を提供しているのはわずか八か国で、あとの二〇か国（ベルギー、ブルガリア、チェコ、デンマーク、エストニア、ギリシャ、クロアチア、キプロス、ラトビア、リトアニア、ルクセンブルグ、ハンガリー、マルタ、オーストリア、ポーランド、ルーマニア、スロベニア、スロバキア、フィンランド、スウェーデン）は国も企業もまったく資金を出していない。これらの国・企業は、自国の会計基準の開発費用を負担する気はないらしい。自分たちが出さなくても、気前のいい日本や中国が奮発してくれるからいいと考えているのであろうか。

ＩＦＲＳ採用国が一気に増えたのは、ＩＡＳＢ、というよりは当時のトゥイーディーＩＡＳＢ議長がイギリス連邦（コモンウェルス諸国。当時五二か国）に採用を働きかけた結果である。イギリス連邦の多くが、母なる国・イギリスの誘いを受け入れＩＦＲＳ採用国になったと伝えられている。

しかし、表（ＩＦＲＳ財団に資金を出している国）にイギリス連邦の国の名前が挙がっているのは◎のついた八か国に過ぎない。アフリカとオセアニアの諸国はほとんど資金を出していない。

（表）　ＩＦＲＳ財団に資金を提供している国（2017年度）

	£	円換算（£１＝150円として）
日本	2,255,286	33,829万円
中国	1,904,058	28,560万円
フランス☆	882,924	13,243万円
イギリス☆◎	878,804	13,182万円
ドイツ☆	834,462	12,516万円
アメリカ	694,798	10,421万円
イタリア☆	677,006	10,155万円
オーストラリア◎	593,700	8,905万円
カナダ◎	542,556	8,138万円
韓国	518,288	7,774万円
インド◎	500,000	7,500万円
ロシア	427,700	6,415万円
オランダ☆	341,137	5,117万円
スペイン☆	344,709	5,170万円
ブラジル	229,121	3,436万円
香港	150,307	2,254万円
南アフリカ◎	134,907	2,023万円
ニュージーランド◎	105,478	1,582万円
スイス	91,476	1,372万円
ノルウェー	90,845	1,362万円
マレーシア◎	75,000	1,125万円
シンガポール◎	70,000	1,050万円
インドネシア	62,570	940万円
台湾	62,000	930万円
ポルトガル☆	20,272	304万円
イスラエル	17,000	255万円
カザフスタン	8,109	121万円
アイルランド☆	7,562	113万円

☆はＥＵ加盟国　◎はイギリス連邦の国

3　気前のいい日本

表をよく見ていただきたい。この表は、ＩＡＳＢのスポンサー国の拠出（国・公的機関が出す資金と企業が出す資金の合計）の多い順に並べてある。なんと、わが日本がトップ（三億三、八二九万円）である。日本の上場企業三、六三〇社のうち五％にも満たない、一六一社（二〇一八年六月現在）しか使っていないにも関わらず、また、これからも適用する企業が急増するとも考えられないにも関わらず、なんとも気前のいいことに、三億四千万円もの金をポンと出すのだ。ＩＡＳＢにとっては、これ以上の「上玉」はいないであろう。ＩＡＳＢやＩＦＲＳ財団が日本人を理事に据えたり委員長にしたり、厚遇するのは当たり前であろう。何せ、世界で一番金を貢いできたのだ。日本は金でＩＦＲＳ財団やＩＡＳＢのポストを買っているという声もあるが。

アメリカであるが、二〇一七年、六九万四、七九八ポンド（約一億一五〇万円）を出している。その内訳であるが、アメリカ公認会計士協会（ＡＩＣＰＡ）が五万ポンド（七五〇万円）ほどを出している以外は、ＣＦＡ協会、シティグループ、バンク・オブ・アメリカ、モルガン・スタンレーなどの金融・投資で稼いでいるところと、フォード、オラクル、ペプシコなどが出している。

資金を出しているのは、何も、慈善事業としてではなく、あくまでも見返りを期待できるからであろう。ＡＩＣＰＡは公認会計士の団体であり、ＩＦＲＳで稼ぐだけではなく、会計士にとって不都合なルールを設定させないようにＩＡＳＢに圧力をかけるためにも資金を出しておく必要がある。金融機関は、「企業売買の会計基準＝ＩＦＲＳ」をサポートして、実際にＭ＆Ａが行われるときに、買収企業に資金を出して、自分も荒稼ぎの仲間になろうとする。

なんのことはない、会計士の団体も金融機関も、ＩＦＲＳ財団への「寄付」はＩＦＲＳへの投資なのだ。金勘定の専門家集団である、投資の何倍もの資金を財布に入れることが仕事なのだ。おおかたの日本人にはこれが分かっていない。

4　財布のひもを引き締めるアメリカ

そのアメリカであるが、二〇一七年は六九万ポンド（一億一五〇万円）、日本の拠出額、二二五万ポンド（三億三、八〇〇万円）の三分の一にも満たない。国の経済力や国際的な会計基準への影響力を考えると、アメリカが日本の三分の一しかお金を出していないというのは、どういうことなのであろうか。アメリカがＩＦＲＳへの関心を失ったのであろうか。

アメリカは、少し前まで日本よりも巨額の資金を負担してきた。ＩＦＲＳ財団のホームページには年次報告書（IFRS Annual Report）が収録され、そこに、国別の資金提供額が記載されている。現在のホームページには二〇一三年以降の報告書しか収容されていないが、私が数年前に二〇〇七年以降の報告書を閲覧したときのデータが手元にあるので、以下それを元にしている。

次頁の表は、この一〇年間におけるアメリカと日本の資金負担額である。一〇年前は、アメリカは日本の二倍ほどを負担していた。それが次第に日本の拠出額が増え、二〇一一年は、日本が一七一万ポンド（二億五、六五〇万円）、アメリカが一七三万ポンド（二億五、九五〇万円）と肩を並べるまでになった。それが、二〇一二年になると、日本がＩＡＳＢのアジア・オセアニア・オフィス（ＩＡＳＢのサテライト・オフィス）の運営費用三一万五千ポンド（四、七二五万円）を全額引き受けたため、日本の拠出が二三五万ポンド（三億五、二五〇万円）になり、逆に、アメリカが大幅に減額して一二二万ポンド（一億八、七五〇万円）となったため、日本が一番のスポンサーになっている。

なぜ、アメリカは五一万ポンドもの大幅な減額をしたのだろうか。最も大きな要因は、一一年にアメリカ財務会計財団（ＦＡＦ。ＦＡＳＢの上位機構）が三〇万ポンドを拠出していたのを一二年にやめたことにある。拠出する資金の多寡は、ＩＦＲＳ財団・ＩＡＳＢに対する発言力に直結している。ＦＡＦは翌年二〇一三年も資金を出していない。ＩＦＲＳ財団を干上がらせる作戦であったのかどうか分からないが、なぜか二〇一四年にはＦＡＦが一八四万ポンドの資金を出

日本とアメリカの資金負担（単位：万ポンド）

	日本	アメリカ
2007年	102	206
2008年	159	189
2009年	173	184
2010年	185	189
2011年	171	173
2012年	235	122
2013年	210	115
2014年	196	260
2015年	172	79
2016年	227	76
2017年	225	69

しているのだ。

しかし、その後また、二〇一五年から二〇一七年には資金を出さなくなったため、最近では、日本がアメリカの三倍もの資金を負担していることになる。日本はなぜそれほど巨額の資金を負担するのであろうか。日本の資金は、誰が出しているのであろうか。日本が、これほど寛大に巨額の資金を負担しているのには、ちょっとしたからくりがある。次にその話を書くことにする。

5　東証とＡＳＢＪに巻き上げられる日本企業

日本の資金提供事情を紹介しよう。お読みになってビックリするなかれ、きっと、読者の皆さんの会社がそのお金を出してきたのだ。

二〇〇七年と二〇〇八年は、「企業市民協議会（ＣＢＣＣ）」という団体を通して、各企業が資金を出してきた。資金を提供した企業は各年一八〇社（日銀を含む）ほどで、〇七年は一〇二万ポンド（一ポンド一五〇円として一億五、三〇〇万円）、〇八年は一五九万ポンド（二億三、八五〇万円）を拠出している。

なお、企業市民協議会は、経団連のイニシアチブにより一九八九年に投資摩擦を回避する目的で設立されたものであるが、政府による公益認定を受けて二〇一〇年に公益社団法人に移行している。

この両年は、各企業の任意による資金提供であった。大手の企業、監査法人、日銀などである（気になったのは、二〇〇七年には、富士通、ＮＥＣ、野村證券といったＩＦＲＳ導入に熱心と思われる企業からの拠出がないことである。二〇〇八年は富士通もＮＥＣも資金を出しているが野村證券の名前は見つからない）。

ところが、企業市民協議会を経由した資金提供はこの二年間だけで、二〇〇九年からは、窓口を変えて、財務会計基準機構（ＦＡＳＦ）が会員企業から集めた年会費の中からＩＦＲＳ財団に拠出している。財務会計基準機構というとなじみがないかもしれないが、二〇〇一年に、わが国の会計基準設定主体を政府の審議会（企業会計審議会）から民間に移行させるに当たって設立された財団法人（現在は公益財団法人）で、企業会計基準委員会（ＡＳＢＪ）の資金調達と運営を担当している。

この機構は、ＡＳＢＪの活動を資金面を中心に支援する役割を担っているが、その収入のほとんどは会員の会費である。機構のホームページによれば、上場企業のうち機構に加入しているのは、一部上場企業二、〇一六社中二、〇〇五社（九九・四％）、二部上場・地方取引所等一、六三六社中一、四〇九社（八六・一％）である。

年会費は、法人の場合三〇万円、個人は五万円である。二〇一六年度の場合、会費収入は約一四億円で、そこからＩＦＲＳ財団に約三億三千万円ほどが拠出されている。

〇七年と〇八年のように、個々の企業が任意で拠出していたときは、約一八〇法人であったから一社平均で約九〇－一四〇万円であった（こちらは全額ＩＦＲＳ財団に回っている）。今は、上場会社のほぼ全社が負担しているのだ。ご存知であったろうか。

上場会社の加入率が高いのは、証券取引所や監査法人など、上場会社にとって無視できないと

（表）　財務会計基準機構への加入状況（2017年３月31日）

上場区分	上場会社数	会員数	加入率
一部	2,016	2,005	99.4%
二部・地方取引所等	1,636	1,409	86.1%
合　計	3,652	3,414	93.5%

ころから機構への加入を迫られているからである。東証の「企業行動規範」では「望まれる事項」として、（財務会計基準機構のような）組織・団体への加入などを義務付けており、それでも加入していない企業については、その名前を一覧で表示し、かつ、翌事業年度以降における加入に関する考え方を開示することを要求している。実態としては任意の加入というよりは強制加入であり、それも上場会社の弱みにつけ込んだ「脅迫」まがいの手を使って会費を巻き上げている。

かくして、ＩＦＲＳを使う企業も使う意思がない企業も、ＩＦＲＳ財団の活動資金を出していることになる。企業市民協議会を窓口としていたときは、各企業の任意であったために拠出額は不安定になる恐れがあったが、機構への会費を資金源として「上納」するようになってからは、国別では日本がＩＦＲＳ財団の一番のスポンサーになった。ＩＦＲＳ財団としては、日本は実に頼りになる、それでいてほとんど（人事以外の）見返りを求めない国なのだ。だから、日本は会計でも、国際社会から舐《な》められるという人もいる。

今のような形の資金拠出では、日本の一部上場会社の九九・四％が、各企業の意思とは関係なくIFRS財団を支援していることになる。読者諸賢、それで満足であろうか。

6　環太平洋会計基準？

IFRS財団には資金の余裕が現金資金で一、三〇〇万ポンド（一九億五千万円）しかない。年間の運営費用が約二、四〇〇万ポンド（約三六億円）であるから、事業会社の話であれば、ちょっとしたことで資金がショートする。余裕資金が運営費用の半年分しかないのである。

IFRS財団は資金事情を改善するために、IFRSを採用する企業に課金することも検討しているという。しかし、それは両刃《もろは》の剣《つるぎ》であろう。日本企業の場合には、すでに財務会計基準機構（FASF）を通じてIFRS財団に資金を出しているのであるから二重の負担になるし、IFRSを使っていると公言している国々の企業に「IFRS使用料」を課せば、「わが社はIFRSを使っていない（だから使用料は払わない）」という企業が続出するのは火を見るよりも明らかである。

日本とアメリカがIASBとたもとを分けて、別の会計基準設定団体を立ち上げることも、ありえない話ではない。環太平洋経済圏を一つの資本市場とした上場基準や開示基準を作ることも十分に考えられる。そのときは、イギリス連邦（コモンウェルス）の、カナダ、オーストラリア、ニュージーランド、マレーシア、シンガポールや、「環太平洋パートナーシップに関する包括的及び先進的な協定（ＴＰＰ11協定）」に署名したベトナム、チリ、メキシコ、ブルネイなどの参加もありうるだろう。

わが国も、国益や自国の産業振興を考えるならば、「企業売買の会計基準＝ＩＦＲＳ」ではなく、これからの「健全な会計」「中長期の経営と投資に役立つ会計基準」の在り方を国際社会に提言し、自国で実践することが必要ではなかろうか。

第12章

金融庁の大誤算
―JMISはJapan's Mistake!―

1 「流産」覚悟?
2 なぜJMISを設定したのか
3 JMISって何だ?
4 日本会計の「基本的な考え方」
5 JMISはJapan's Mistake!
6 「会計哲学」の対立
7 「会社を売る」会計と「会社を続ける」会計
8 「不幸の会計基準」
9 何もしないのが「賢者の選択」

1 「流産」覚悟？

少し昔になるが、二〇一四年七月に、企業会計基準委員会（ＡＳＢＪ）から、「修正国際基準（国際会計基準と企業会計基準委員会による修正会計基準によって構成される会計基準）」案が公表された。英文名称が、Japan's Modified International Standards (JMIS)：Accounting Standards Comprising IFRSs and the ASBJ Modifications.とされている（この案は、ほぼ同じ内容で、二〇一五年六月に「修正国際基準」として公表されている）。

この文書の日本名称にも英文名称にも、日本版の「国際会計基準」であるとも「Ｊ－ＩＦＲＳ」だとも書いてない。もう一度、基準の名前を読んでみていただきたい。この文書は「修正国際基準」であって、これが「会計基準」であるとは書いてないのだ。この文書には、右にも紹介したように、その内容を説明するカッコ書きの副題がついている。そこに「IFRSs」という表現が使われているが、この文書が日本版ＩＦＲＳ（Ｊ－ＩＦＲＳ）だとは書いてない。

なぜ、こんなに長い名称をつけたのであろうか。なぜ、ストレートに「国際会計基準」と言わずに、「国際基準」としたのであろうか、なぜ、「Ｊ－ＩＦＲＳ」と言わずに「ＪＭＩＳ」などという略称をつけたのであろうか。

実は、このJMISは、最初から「流産」することが分かっていたにもかかわらず、金の亡者みたいな「IFRS推進連合体」の政治力・金力・天下り先確保によって、無理やり「作らされた」一面がある。さらには、政権が民主党から自民党に変わったことから、前政権が決めたことを全否定するような「政策」も加担しているように思われる。

2 なぜJMISを設定したのか

JMISが登場した背景を簡単に紹介しよう。

わが国では、IFRSの任意適用を、二〇一〇年三月三一日以後に終了する連結会計年度から認めてきた。しかしながら、IFRSを適用する企業は一向に増えず、JMIS案を公表した当時、IFRS採用企業は、上場会社でわずか四二社であった（二〇一四年六月現在）。

その前年（二〇一三年）の六月一三日には自由民主党金融調査会・企業会計に関する小委員会が「国際会計基準への対応についての提言」をまとめ、その中で、「二〇一六年末までに、国際的に事業展開をする企業など、三〇〇社程度の企業がIFRSを適用する状態になるよう明確な中期目標を立て、その実現に向けてあらゆる対策の検討とともに、積極的に環境を整備」することを提案している（新指数・グローバル三〇〇社）。企業会計審議会が「当面の方針」（「国際会計基準（ＩＦＲＳ）への対応のあり方に関する当面の方針」）を公表したのは、その六日後であった。

東証と日本経済新聞社は、「投資者にとって投資魅力の高い会社」を選別し、「ＪＰＸ日経インデックス四〇〇」という新指標を作ることを決め、選別の評価項目の中に「ＩＦＲＳ採用（ピュアＩＦＲＳを想定）または採用を決定」という一項を盛り込んだ。この四〇〇の中に入らなければ「投資魅力の乏しい会社」にランク付けされる。四〇〇位以内にランキングされたければＩＦＲＳを採用しなさいということらしい。同年一〇月には内閣府令を改正して、任意適用要件を緩和し、有価証券報告書提出会社のすべて（当時、四、〇六一社）が採用できるようにした（自民党の小委員会や東証、日本経済新聞社の思惑にもかかわらず、二〇一八年六月末現在、ＩＦＲＳを適用する企業は一六一社にとどまっている）。

実にあわただしい動きであるが、その挙句に出てきたのが、ＪＭＩＳである。ＪＭＩＳは、ＩＦＲＳ適用企業が遅々として増えないことに業を煮やした「ＩＦＲＳ連合軍」が繰り出した「必殺の矢」であったといってよい。さて、その矢は、ちゃんと的に向かって飛んだであろうか。

3　JMISって何だ？

現在、わが国が任意適用を認めている「指定国際会計基準」は、国際会計基準審議会（IASB）により公表された会計基準等の一部を指定しないことも可能な枠組みとなっているが、その一部を修正する手続きを想定した規定とはなっていない。現時点では、IASBが公表した会計基準等のすべてが指定されており、事実上、指定国際会計基準は純粋IFRS（ピュアIFRS）と同一である。その純粋IFRSに大きな魅力を感じている企業（のれんの非償却や開発費の資産計上による利益のかさ上げなど）もあれば、それに魅力を感じない企業とか不安や疑念、不信を抱いている企業もある（こちらの方が圧倒的に多い）。

ASBJでは、純粋IFRSを採用する企業が増えない理由として、IFRSの一部に、「我が国における会計基準に係る基本的な考え方及び実務上の困難さの観点からなお受け入れ難い」（JMIS「公表にあたって」）項目があることを挙げ、それらの項目を「削除又は修正」した会計基準を「日本版IFRS」として設定しようとしたのである。

そうした方針の下で、ASBJでは、既公表のIFRSを、日本基準と比較して「削除又は修正」せずに採択することが可能かどうかを検討し、約三〇個の論点を抽出している。これらの論点は、「（ａ）会計基準に係る基本的な考え方に重要な差異があるもの」と「（ｂ）任意適用を積み上げていくうえで実務上の困難さがあるもの」に大別されている。

（ａ）の「会計基準に係る基本的な考え方に重要な差異があるもの」の主たるものとして次の項目があるとしている。

（１）のれんの非償却

（２）その他の包括利益（ＯＣＩ）のリサイクリング処理及び当期純利益（純損益）に関する項目

（３）公正価値測定の範囲

（４）開発費の資産計上

このうち、（１）と（２）については、わが国における考え方と大きな相違があるために「削除又は修正」を行うことを提案し、（３）と（４）については、多くの懸念が寄せられたけれども「削除又は修正」を必要最小限とする観点からＩＦＲＳをそのまま受け入れることを提案した。

（ｂ）の「任意適用を積み上げていくうえで実務上の困難さがあるもの」としては、

・減価償却方法の選択

・相場価格のない資本性金融商品への投資に関する公正価値評価

・子会社、関連会社の報告日が異なる場合の取扱い
・関連会社及び共同支配企業に対する投資
などが抽出されたが、いずれも「削除又は修正」の対象とせず、「ガイダンスや教育文書の作成を検討」することを提案するに留めている。

「削除又は修正」を行わないことを提案している項目のうち、特に（強い）懸念が寄せられたのは、次の項目である（「公表にあたって」別紙）。
1．公正価値測定の範囲
（1） 有形固定資産及び無形固定資産の再評価モデル
（2） 投資不動産の公正価値モデル
（3） 相場価格のない資本性金融商品への投資に関する公正価値測定
（4） 生物資産及び農産物の公正価値測定
2．開発費の資産計上
3．機能通貨

4 日本会計の「基本的な考え方」

ＡＳＢＪは、ＩＦＲＳの個々の会計基準をレビューして「我が国における会計基準に係る基本的な考え方」と合わない場合と実務上の困難さがある場合に、一部の会計基準等を「削除又は修正」して採択する仕組みを設けることにしたと言うが、では、そこで言う「基本的な考え方」とはいかなるものを指すのであろうか。

ＩＦＲＳ財団から、また国際社会から日本の立場や考え方を理解してもらうには、この「我が国の基本的な考え方」をじっくり説明して納得してもらうしかない。では、今回のＪＭＩＳでは日本の考え方をどのように訴えているのであろうか。一二頁に及ぶ「公表にあたって」においては「我が国の基本的な考え方」を次のように述べているにすぎない。

「我が国における会計基準に係る基本的な考え方には、企業の総合的な業績指標としての当期純利益の有用性を保つことなどが含まれる。」「この基本的な考え方は、会計基準は、企業経営に規律をもたらすべきものであり、その結果、企業の持続的成長、長期的な企業価値の向上に資する役割を担うとの考えを背景とする。」

たったこれだけの記述で、果たして日本の会計観がＩＦＲＳと基本的に考えが合わないことを納得してもらえるであろうか。「公表にあたって」には、「ＩＡＳＢにより公表された『財務報告に関する概念フレームワーク』については、エンドースメント手続の対象に含まないこととした」ことが書かれている。しかし、この文書と、わが国の「財務会計に関する概念フレームワーク」（討議資料）との違いを示さない限り、この世に二つの対立する会計観が併存していること、それぞれがいかなる会計目的に立脚しているか、わが国がなぜ、その一方の会計観を重視しているかを訴えることはできないのではなかろうか。

日本の会計観が違うと言うのであれば、ではなぜ、日本の一部の主要企業がＩＦＲＳを任意適用しているのかといった反論にあっても、右の記述では言い返す力がない。また、ＩＦＲＳをすでに任意で適用してきた企業から、「わが社は、日本の基本的な会計観と相いれない会計観に立つ基準を採用しているのか」「（金融庁やＩＦＲＳ推進連合体が）わが社に任意適用を（強く）求めてきたのはどうしてなのか」といった話が出てきたとき、どう説明するのか。さらには、この記述には、「なぜ、ＩＦＲＳではダメなのか」「なぜ、ＩＦＲＳは日本企業に合っていないのか」という、一番重要なことが書かれていない。

ＪＭＩＳでは、日本の企業に合った会計基準が「企業経営に規律をもたらす」ものであり、「企業の持続的成長、長期的な企業価値の向上に資する役割を担う」もの（「公表にあたって」）

であるとしているが、それは逆から読むと、ＩＦＲＳが「企業経営に規律をもたらすものではないこと」「企業の持続的成長、長期的な企業価値の向上に資する役割を担うものではないこと」を宣言しているようなものではなかろうか。

そうであれば、ＡＳＢＪは、とんでもなく重要なことを公言していることになる。つまり、「ＩＦＲＳは健全な経営と成長を目指す日本企業には向いていない」と宣言しているのだ。そうなると、日本の企業だけではない、世界中の「健全な経営と成長を目指す」企業に向いてないのだ。ＡＳＢＪよ、よくぞ言ってくれた！と思う。

それだけ立派な、日本企業にぴったりのＪＭＩＳであるが、公表されてから三年が経つが、いまだに採用に踏み切った企業はない（一時、新日鐵住金が採用を検討したが、その後ＩＦＲＳに変更している）。それでもＡＳＢＪは、その後もＪＭＩＳの改訂に取り組んで、二〇一六年から二〇一八年まで、毎年、改正版を公表してきた。どの矢もちゃんと的に向かって飛んでいかないのか、的が「的外れ」なのか、どちらかであろう。

5　ＪＭＩＳはJapan's Mistake!

ＪＭＩＳ（案）は、公表前から不評であった。自由民主党金融調査会会長（当時）の塩崎恭久氏からは、「そんなものを作ったら世界からばかにされる。公開草案をだすべきではない」として牽制された（DIAMOND online, 2014.7.14）。IFRS財団も日本の対応に冷淡で、日本から出ている鶯地《おうち》隆継理事は「IFRS財団は、日本版IFRSをIFRSとして認識していない。日本がまた新しい日本基準を作っているとみている」ことを明らかにしている（同）。

IFRSの本部が「にせもの」と見ているものを「本物」というわけにはいかないからであろうか、案を公表する段階で「IFRS」の名称も「国際会計基準」の名称も使えなくなり、結局、IFRSに代えて「JMIS」、国際会計基準に代えて「国際基準」とせざるを得なかった。

わが国の会計基準を設定する権限と責任を有しているはずの金融庁からは、「JMISを作成しても利用する企業は少ないと思っている」（同）とか「（JMISの）利用を促すつもりはまったくない」（日本経済新聞、二〇一四年一一月一七日、風速計）という、実に無責任な声が聞こえた。JMISは、Japan's Mistake!であったのである。

今回のJMISが「削除又は修正」を要するとしたのは、二項目（のれんの償却とその他の包括利益（OCI）のリサイクリング）であった。この二点が「企業の総合的な業績指標としての当期純利益の有用性を保つ」（「公表にあたって」）ためには外せない項目であることは分かる。投下資本の回収計算と回収余剰としての利益の計算を期間を区切って確実に行おうとすれば、原価・実現主義（資産の評価は原価主義で、収益の計上は実現主義で行うことをベースとした会計観）による期間損益計算が最も優れている。ＡＳＢＪが、この二点についてのＩＦＲＳの規定を「削除又は修正」すべしと考えるのは、わが国の会計観からみて至極当たり前のことといえる。

しかし、ＩＡＳＢには、「企業の総合的な業績指標としての当期純利益の有用性」という考えも、実現という観念もない。ＩＦＲＳのどこにも「実現（realization）」という言葉が出てこないのだ。日本がどれだけ当期純利益の重要性や期間損益計算の意義を訴えようとも、その声は、原価を配分することや収益を実現主義で計上することが恣意的な会計操作だと主張するＩＡＳＢには届かないであろう。

日本版ＩＦＲＳ（とも呼ぶべきもの）の設定を後押ししてきたのは他ならぬ自民党と金融庁である。金融庁は、わが国の会計基準を設定する法的権限を持つ。金融庁企業会計審議会は二〇一三年六月に「国際会計基準（ＩＦＲＳ）への対応のあり方に関する当面の方針」を公表し、「我が国がＩＡＳＢに対し意見発信を行っていく上で、日本が考える『あるべきＩＦＲＳ』を国際的に示すことは有用」と記し、その作業をＡＳＢＪに付託していたのであった。それがＪＭＩＳの公表前後に、金融庁からは、「（ＪＭＩＳの）利用を促すつもりはまったくない」とか「ＪＭＩＳを作成しても利用する企業は少ないと思っている」とか、ＡＳＢＪの一年もかけた努力を無視するかのような無責任な声が聞こえた。日本版ＩＦＲＳ（ＪＭＩＳ）の採用を推進する立場の金融庁が匙《さじ》を投げているのである。

6 「会計哲学」の対立

もともと、ＩＦＲＳは企業の清算価値を計算・表示させる会計基準であり、企業の資産と負債をバラバラに切り売りした後に残る解体利益を追求する「投資家」を情報の利用者として想定した基準である。そこでは、負債の時価評価も、資産除去債務の資産計上も、種を蒔《ま》いたらすぐ農産物の時価評価をするのも、全従業員が今日退職するとして負債を計上するのも、すべて、「企業売買のための会計」として一貫している。

企業の収益性とかゴーイング・コンサーンを前提とした原価配分といった会計思考とは相いれない。のれんを償却せずに（のれんを規則的に償却するという思考はゴーイング・コンサーンを前提）毎年減損テストを適用するというのも、「のれんの時価評価」によって、そのときそのときの企業の売却時価を計算・表示させようというものである。ＩＦＲＳと日本の会計基準は、寄って立つ「会計哲学」がまるで違うのである。

7 「会社を売る」会計と「会社を続ける」会計

すでに何年も前から任意適用している会社の経営者・経理責任者の方にお聞きしたい。ＩＦＲＳと日本の会計基準には基本的な考え方が違う項目や実務上の困難がある項目がどれだけたくさんあるかを、監査法人やコンサル会社から聞かされていたのであろうか。

ＩＦＲＳと日本の会計基準は会計観が違うということや、ＩＦＲＳとの間には埋めることが困難な相違が多数存在するということを聞かされても、それでもＩＦＲＳを（任意）適用するという決断をしたであろうか。おそらくは監査法人もコンサル会社も、そうした論点が存在することを十分に（本音を言うと、まるで）認識していなかったであろうし、また関心がなかったに違いない。

世界には今、「企業をバラバラに切り売りするための会計」と「企業の存続を前提とした、中長期の経営に資する会計」という二つの会計観に立った会計基準群が併存している。会計情報を利用する人たちが、瞬間的な投機観に基づいて会計を利用したいと考えるグループと、中長期の投資・経営に資する会計を利用したいと考えるグループがあるということである。そうしたところに、どちらか一方の考えで会計基準を決めるというのは、他のグループから受け入れてもらえない。

今の時代には、二つの会計観が併存できる道を探るしかないのではなかろうか。何も国別に選択することもない。ゴーイング・コンサーンの経営と会計を希望しているという会社は、中長期の経営と投資に資する会計を選択すればよいし、高く身売りしたいと考える会社はＩＦＲＳを使えばよいのではなかろうか。

日本の企業が、日本基準、純粋ＩＦＲＳ、日本版ＩＦＲＳ（ＪＭＩＳ）、アメリカの会計基準という四つの基準群から選択適用するという現状よりも、はるかにシンプルであり、経営者にも投資家にも分かりやすいのではなかろうか。

8　「不幸の会計基準」

二〇一八年六月現在、わが国ではＩＦＲＳ（指定国際会計基準）を任意適用している上場企業が一六一社（その他に、ＩＦＲＳを適用する旨をプレスリリースしている企業が三二社ある。日本取引所グループのＨＰによる）あるが、これらの会社の経営者は、ＩＦＲＳによって「わが社の身売り価格」を計算・表示しているということを認識しているのであろうか。

そもそも、これらの会社の経営者は、「わが社を売る」気があるのであろうか。「高く買ってくれるところがあれば、わが社を売りたい」という経営者もいるかもしれない。それが個別の会社にとって経済的に合理的な判断であるかもしれないが、ＩＦＲＳが想定しているＭ＆Ａは、企業を買い取った後、資産も負債もバラバラに切り売りするのであるから、従業員はすべて解雇、事業は閉鎖（一部の事業は切り離して買い手を見つけるかもしれないが）するであろう。

ＩＦＲＳを任意適用している企業の社長さんにお聞きしたい。自社を高く売った後、解雇される従業員の皆さんとその家族はどうなってもよいとお考えであろうか。バラバラにされた企業の取引先とその従業員・家族もいる。従業員が千名いれば、その家族が数千名、取引先の従業員と家族を合わせると数万人にも上る人たちの生活を奪いかねないのだ。

ＩＦＲＳでは、国家の利益とか産業の振興、個別企業の存続、従業員の雇用の継続……こうした考えは入り込まない。言い過ぎだと言われるのを承知のうえで言うが、ＩＦＲＳは九九・九％の人にとって「不幸の会計基準」なのだ。

翻って、日本の会計観と会計基準である。わが国の伝統的な会計観・会計基準は、ゴーイング・コンサーン（企業の継続）を前提とした、投下資本の回収計算と回収余剰としての利益を期間的に区切って計算・表示する会計である。これは中・長期の企業経営（経営者）と事業投資（投資家）の双方にとってベストな会計である。

9　何もしないのが「賢者の選択」

ＩＦＲＳをまだ使っていない会社にとってのベストの選択は、今は何もしないことである。万が一強制適用となっても五年やそこらの猶予期間では、まともな準備ができない。ＩＦＲＳ会計（そういう「会計」がもしあるとすればの話だが）の教育を受けた大学生も専門学校生もまだいない。それ以前に、ＩＦＲＳの教育用テキストはまだない。公認会計士試験に出題されたこともない。現役の公認会計士といっても、ＩＦＲＳの研修を受けたにしろ、現場の経営者とまともに話し合ったこともない。各社の経理担当者は、日本語に訳されたＩＦＲＳに首を傾げ、監査法人が出している分厚い解説書でさらに迷路に迷い込んでいるに違いない。

今は何もしない。監査法人や情報処理会社などから「今やらないと対応が間に合わない」とか「後で始めようとしても監査のスタッフが揃わない」「隣の会社もやることを決めた」とか、中には脅迫まがいのアタックがあると聞くが、今は何もしないのがベストである。

万が一、一〇年後かそこらに強制適用となっても、それまでに監査法人の経験も厚くなっているしＩＦＲＳ導入のソフトも開発済みであるから、監査法人や情報処理会社の間で値引き合戦が行われるであろう。いいことだらけである。ＩＦＲＳを導入したところで株価が上がったという話は聞かないし、導入していない会社から株主が去ったという話も聞かない。であれば何もしないほうが賢者の選択というものである。

第13章

なぜ、全面時価会計に走るのか

―遺恨と怨念を時価会計で晴らす!!―

1　イギリス管見
2　I won!
3　イギリスは「保守的」か
4　「カレント・コスト会計」という実験
5　離脱規定
6　トゥイーディーとカーズバーグ
7　怨念の時価会計
8　IASBの人脈
9　カーズバーグと私
10　日本の師弟関係

1　イギリス管見

イギリスのＥＵ離脱に関して新聞や雑誌などでは、主に政治経済的側面や難民問題から解説されているようであるが、ちょっとだけ私の個人的な「イギリス経験」「イギリス会計観」を紹介したい。そうはいっても、私がイギリスに滞在したのはわずか二年間であり、それもウインブルドンの借家とロンドン大学（ＬＳＥ）の研究室を往復するだけの生活から得られた管見に過ぎない。

管見ながら、そこからは今回のＥＵ離脱が「イギリス人らしい選択」であったことが感じられる。さらに、ＥＵ離脱後、イギリスの会計界・経済界がどういう進路をとるか、それに応じて、イギリスが抜けた後のＥＵが、（特にドイツとフランスが）ＩＦＲＳを維持できるかどうか、おぼろげながら透けて見えるような気がするのである。

イギリス人というのは、われわれ日本人からすると、不思議な人種である。日本人も、競馬・競輪・競艇・少し前までは麻雀・ゴルファーの「にぎり」などなど、ギャンブル好きであるが、それはハッキリ言って中高年から年寄のことであって、若い人は「賭ける」ことは好まないようだ（趣味が悪いという声もあれば、争いたくないという声もある）。

ところが、イギリス人は、老いも若きも、国中が「賭け事」大好きである。賭けが日常的といってよい。賭けるのは馬とは限らない。サッカーの試合結果にも賭けるし、テニスの試合結果にも賭ける。EU離脱の国民投票がどっちになるかでは国中が賭場に化したようである。

どこかで読んだ記憶のある話であるが、スポーツの好みもイギリス人とアメリカ人では違うらしい。イギリス人がギャンブル好きとなると、おおよその結果（勝ち負け）が事前に分かるスポーツは人気がない。賭けの対象になりにくいからだ。その点、アメリカ人は、実力が結果として現れるスポーツが好きだという。偶然が支配するのではなく、実力どおり、努力したとおりが結果として出るスポーツである。具体的には、イギリス人はサッカーが大好きで、アメリカ人は野球やボクシングが大好きである。サッカーは得点が少ないだけに、試合終了間際に逆転することも珍しくはない。つまり、ギャンブルに向く。野球やボクシングは、点差が付いたらひっくり返ることはめったにない。ギャンブルとしては面白みが少ない。どこかで読んだか聞いた話であるが、納得する話である。

2　I won !

私の短い滞在経験（二年間）にも拘わらず、イギリス人のギャンブル好きは、しばしば目にした。私と家族がスイスにスキーに出かけたときである。イギリスでは、自然雪のスキー場はない。スキーに行くというのは、大陸のフランス、イタリア、スイス、スペインあたりに行くことであり、多くの場合、ツアー専用の飛行機で行く。二一三日のツアーなどはなく、短くても一週間か二週間のロングステイのスキーである。だから、スキーに行くといえば、車や電車ではなく、飛行機（チャーター機）ということになる。電車に乗るのは空港までである。

家内とスイスに滑りに行くため、スキーを持ってガトウィック空港（ロンドンの二番目の空港）に行く電車に乗った。スキーは布のケースに入れてあるので、スキーをしないイギリス人には外見からはスキーと分からないらしい。車内に四人組の老婦人がいて、こちらをチラチラと見ている。イギリスであるから外国人が珍しいわけではない。そのうちの一人が近寄ってきて「その持っている物は何だ」と訊く。スキーだと答えると、その老婦人はガッツポーズを取りながら、「I won!」。私たちが電車に乗ったときから四人組は賭けていたのである。

住んでいたのがウインブルドンだったので、日本人は珍しくなかった。金融街のシティに通うのに便利だったし、英語の学校も多かった。日本人が住むところには韓国人も多い。多くはないが中国人もいる（中国人の多くは、ロンドンのソーホーというチャイナタウンに住んでいる）。ウインブルドンの街中（と言っても、ほぼ歩いて回れる）を夫婦で歩いていると、しばしばイギリス人から声を掛けられた。「あなたたちは日本人か、中国人か」と訊いてくる。好奇心からではない、すでに仲間で賭けているのだ。

彼らはフレンドリーでもあるが、おせっかい焼きでもある（アメリカ人の「押しつけがましい」おせっかいとはずいぶん違う）。街中で地図でも開こうものなら、たちまち「どこへ行くのか」「それならこの道を左に……」。しかも、振り返ってみると、本当に左に曲がるかどうかを確かめているイギリス人がいるのだ。本当に左に曲がるかどうか、賭けているかもしれないが。

彼らのギャンブル好きは好奇心から出るものかもしれない。不安で見てられない……というのではなく、その不安の材料さえもギャンブル化して楽しんでしまおうとするようである。

イギリスのＥＵ離脱（Brexit）の行方もそう、「一ポンドが、いつ、一ドルより安くなるか」といった自分たちのサイフの重さ（軽さ）までも賭けの材料にする。なんともうらやましい民族である。

そうしたギャンブル好き、好奇心の塊が、実は、時価会計を生み、ＩＦＲＳを生んだ。この話は、もう少し後でしたい。さらに雑談を続ける。雑談といっても、ＩＦＲＳの生みの親・育ての親であるイギリスの話である。ＩＦＲＳがなぜ現在のような形になったのか、なぜＩＦＲＳは全面時価会計を目指すのか、そうしたことを知るためにはイギリス人気質（John Bull）の理解が必要である。とはいえ、私がイギリスに滞在したのは、わずか二年間にすぎない。John Bullを語るほどの経験も勇気もない。ゆえに雑談の域を出ないことをお断りしておく。

3　イギリスは「保守的」か

しばしばイギリスは保守的な国だと言われる。「保守」とはどういう意味か。辞典的な意味では、「古くからの習慣・制度・考え方などを尊重し、急激な改革に反対すること。」(「スーパー大辞林」電子辞書版3.0)だという。では、イギリスはそういう国であろうか。たぶん、イエスであろう。

では、日本はどうであろうか。いくら小泉さんが「改革なくして成長なし」とか「聖域なき構造改革」を叫んで「官から民へ」とかを主張しても、結局は貧富の格差を広げただけ、という評価が高い。世の中には改革すべきことと、変えてはならないことがある。それを何でもかんでも変えれば「成長」するという主張は幼児的というしかない。

イギリス人はギャンブル好きなのと同時に、チャレンジすることも大好きなようである。「変える」ことがいいことかどうかを頭で判断するよりも、実践・経験から判断しようとする。「とりあえず、やってみる」のである。私の経験をいくつか紹介する。

私が初めてイギリスに留学したときのことである。一九八四年であったから三〇年以上も昔であるが、ロンドンに着いてびっくりしたのは、地下鉄に喫煙車両があったことである。地下鉄が一両おきに、禁煙車と喫煙車が配置されているのである。喫煙車両は車内が真っ白で、ホームに着くたびに白い煙が吐き出され、ホームもタバコ臭かった。

それが、ロンドン市がその年から全車両を禁煙にすることにした。当然、賛成者も反対者もいる。今まで通勤時間に独特の色（黄色かオレンジか）の*Financial Times*を広げて紫煙をくゆらせていたのが、ある日突然、長年の習慣をやめなければならない。「吸いたい者だけが乗る車両なんだから誰にも迷惑をかけていない」「吸わない人は禁煙車両に乗ればよい」といった反対意見が出るのは目に見えていた。

そこでロンドン市はどうしたか。これが実にイギリスらしい。「全車両禁煙は、一年間だけの実験です。一年間の実験の結果、やはり喫煙車両が必要だという意見が多ければ、元に戻します」。いわゆる時限立法の発想である。その結果、どうなったか。私の知る限り、「喫煙車両を配置せよ」という声はほとんど聞かれなかった。

もう一つ、イギリス人の実験好きの話を紹介する。私がイギリスに留学する前年から、車のシートベルト規制が強化された。乗用車の前席シートベルト着用を義務付けたのである。今では日本でも当たり前になっているが、そのころは、車にシートベルトが付いていても装着する人は少なかった。それをイギリスでは、「三年間の時限立法」で義務付けたのである。三年の経験から、運転席だけでいいのか、助手席や後部座席はどうなのか、不都合はないか、などを検証しようというのである。

一年後判明したことは、前部座席のケガは一八％減少したが、後部座席のケガは一九％増大したということである。前席の安全を確保すれば、（一）ドライバーはベルトを締めるために、より危険を冒すようになる、（二）後部座席はシートベルトが向かない子供や老人が座ることが多くなるためにケガが増えたのである。この結果、（一）後部座席もシートベルトの着用を義務付ける必要があること、（二）子供や老人にも向くシートベルトを開発する必要があること、が明らかになったという（*The Times*, 4 August 1984）。

4 「カレント・コスト会計」という実験

こうしたイギリス人の実験好き・冒険好きは、会計基準の設定においても顔を出すことがある。有名なのは、「カレント・コスト会計」という時価会計を導入したときの基準設定である。このときの基準は、三年間という時限を設けて設定された。一九八〇年代という、だいぶ昔の話であるが、実は、今のＩＦＲＳが「全面時価会計」（不動産も棚卸資産も負債も、すべて時価で評価する会計）を目指すに至る源流・根源は、このカレント・コスト会計（ＣＣＡ）にある。ＩＦＲＳの正体を知るためにも、この話をしておきたい。

一九七〇年代から八〇年代の初めにかけて、イギリスは深刻なインフレに見舞われていた（他の英語圏もインフレに悩まされていた）。小売物価指数でみると、一九七四年は前年比一六％の上昇、七五年は二四％、七六年と七七年は一六％、八〇年は一八％も上昇した。卸売物価（製造業の仕入れ価格）でみると、七三年は三二・四％、七四年は実に四七・六％も上昇しているのである。イギリスの歴史の中で最悪のインフレーションに見舞われたのである。

それまで会計の世界では、インフレが進行すると損益計算書では報告利益に架空利益（インフレ利益、ペーパー・プロフィットともいう）が入り込み、貸借対照表も資産の実態から大きくかけ離れるために、物価指数を使って会計数値を修正する会計、「物価変動会計」「インフレ会計」が提案されていた。簡単に言うと、物価が一〇％上昇すれば利益も一〇％増えるが、利益の増加が単なるインフレの結果であって経営努力による成果ではないとすれば、利益の一〇％は実質がない、ペーパー・プロフィットだと考えるのである。

そこで、アメリカの会計界も日本の会計界も、そしてイギリスの会計界も、経営の成果と資産・負債の現状を正しく伝えるために、通常の財務諸表に加えて、補完的・補助的に、インフレを排除した財務諸表（補助財務諸表）を作成・公表しようとしてきた。

ところが、イギリスでは、この物価指数を使う会計は、政府から採用にストップをかけられた。この物価指数を使って資産や利益を修正する会計は、高いインフレを抑制することに失敗した政府にとって都合が悪いのだ。インフレ率は、ある意味で、政府の成績簿でもある。

年率一六％とか一八％を超えるインフレとなれば、政府の無策、失政と批判されかねない。そのインフレ率を、会計士と企業が公然と報告利益の修正に使い、無策ぶりを数値化するというのは、政府として黙認できることではなかった。

そこでイギリス政府は、政府の委員会（サンディランズ委員会）を設置して、「インフレというものは実在しない、あるのは、個々の価格変動だけである」という理屈をこねてインフレ会計を排除し、個々の物品の価格変動を反映したカレント・コスト会計（ＣＣＡ）という時価会計を強制的に導入しようとした。それも、補助財務諸表の基準ではなく、基本財務諸表の作成基準としてである。

具体的な会計基準を設定するのは、ＩＣＡＥＷ（イングランド・ウェールズ勅許会計士協会）の会計基準委員会（ＡＳＣ）であった。基準作りは難航した。政府の意向どおりの会計基準を設定することには、多くの経営者も会計士も反対した。ＣＣＡを適用したときの企業の利益や経済界全体にいかなる影響が出るか分からないし、時価を使った会計の経験もほとんどなかった。かといって政府の意向を無視することはできない。

これを解決するのは至難の業ではあるが、ここでも解決の糸口は、イギリスの経験主義・実験主義の発想であった。つまり、会計基準はほぼ政府の意向に従って設定するが、それを基本財務諸表に適用することを「認める」（強制するのではない）ことにするのと、適用の経験を積んで修正すべきところを修正するということにしたのである。基準設定の責任者たちが、「三年間、安定的に適用して経験を積むことにし、その間は何も修正しない」といったメッセージを送ったことから、産業界も会計士界も、カレント・コストの会計基準（ＳＳＡＰ第一六号）を、一種の「時限立法」的な基準と解釈した。

5　離脱規定

その後、この基準はどうなったか。実は、これが非常に興味深い。基準設定後しばらくはＳＳＡＰ第一六号への準拠率は高かったが、次第に低下し、準拠率が一〇％台にまで落ち込んでしまった。多くの企業が会計基準に準拠しなくなったのである。なぜか。

思い出していただきたい。イギリスの会計には、「離脱規定」がある。企業も会計士も、ＳＳＡＰ第一六号による財務諸表が企業の実態（true and fair view）を表さないと判断すれば、この基準から離脱しなければならないのである。たびたび書くが、「離脱してもいい」のではなく「離脱しなければならない」のだ。

かくしてほとんどの企業がカレント・コスト会計（ＣＣＡ）から取得原価主義会計に戻ったの

である。離脱規定は、かくも大きな力を持っている。ＣＣＡが予想・期待したような効果を生まないことが判明したこともあるが、イギリスのインフレが次第に終息に向かったこともあって、ＳＳＡＰ第一六号の存在意義がなくなってきたのだ(注)。

(注)　イギリスのインフレーション会計の足跡と政治的背景については、拙著『イギリスの会計基準形成と課題』(中央経済社、一九九一年)、第九章を参照されたい。イギリス滞在中に自分で調べて書いた文章であるが、今読んでもイギリス政府と経済界・会計界の駆け引きにどきどきする。

イギリスのインフレーション会計から得た教訓の一つは、会計の世界における実験主義・経験主義の必要性なり重要性が明らかになったことである。カレント・コスト会計のような未経験の、あるいは異論の多いものを制度化する場合には、「走り出す前によく考える」ことも大切であるが、場合によっては、ある程度まで議論が進んだ段階で見切り発車し、「走りながら考える」ことが必要なのではなかろうか。それも、この国の会社法や会計基準に離脱規定があるから、暫定的なルールを設定して経験を積むことができるのであろう。

イギリスの場合、カレント・コスト会計は「走りながら考える」ことを実践した結果、それが所期の目的に合わないことやコストがベネフィットを上回ることなどが明らかとなり、結局、廃止されるに至ったのである。制度やルールを無批判に適用し続けるならば、その制度やルールの良し悪しも問題点も明らかにされない。わが国におけるＩＦＲＳ騒動は、議論が封殺され、「走り出す前」どころか「走り出した後」も思考停止が続いているように思えてならない。

6 トゥイーディーとカーズバーグ

イギリス政府がカレント・コスト会計を強制的に導入しようとしたとき、その理論的バックボーンを提供したのが、ロンドン大学のカーズバーグ教授（その後、ＩＡＳＣ事務総長）とエディンバラ大学のスタンプ教授であった。さらにもう二人、学界と会計士業界に席を置く時価主義者が、ＣＣＡを後押しした。ブリストル大学にいたウィッティントン教授（後に、ＩＡＳＢ理事）と、トムスン・マクリントック会計事務所のリサーチ・パートナーであったトゥイーディー氏（前ＩＡＳＢ議長）であった。二人とも、カーズバーグやスタンプに負けず、狂信的ともいえる時価主義信奉者であった。

二人は言う。「われわれの意見では、一般物価水準変動と時価の変動を反映した会計情報がベストである。……われわれはまた、時価で評価したバランス・シートこそが望ましいと考えている。……物価変動会計として採ってはならないのは、インフレを無視して、歴史的原価をベースとした会計に戻ることである。」（D. Tweedie & G. Whittington, *The Debate on Inflation Accounting*, Cambridge University Press, 1984.）

カレント・コスト会計（CCA）という時価会計は、その後、インフレに悩む各国政府の強力な後押しで、燎原のごとくアメリカ、オーストラリア、カナダ、ニュージーランドなどの英語圏で広く採用された。その当時は、トゥイーディーやカーズバーグは絶頂期にあった。

しかし、CCAという時価会計は、その後三年もしないうちに、適用が廃止された。どこの国でも、産業界、会計士業界、投資社会から一斉に「時価会計では経営ができない」「時価会計では投資意思決定ができない」という批判が噴出し、政府もそれに対抗できなかったのである（IFRSでも、同様の批判が出てもおかしくはないのだが）。

トゥイーディーやカーズバーグは、イギリスだけではなく、英語圏の国々がこぞって時価会計を採用したとき、世界の会計界の寵児であった。自分が旗を振る時価会計を、多くの国が採用したのだ。しかし、そうした国々の経営者・投資家・会計士・監督官庁がこぞって「時価会計は間違いであった」として原価会計に戻ったことは、二人にとって絶頂期から奈落の底に突き落とされたようなものであり、耐え難い屈辱を覚えたはずである。それが原因であったかどうかは分からないが、カーズバーグはその後ロンドン大学を辞めて、ブリティッシュ・テレコム（BT）に移籍している。

7　怨念の時価会計

その後、信じられないことが起こった。奈落の底に落ちたはずのカーズバーグとトゥイーディーが「復活」するのである。トゥイーディーは、イギリスの会計基準審議会（ＡＳＢ）の議長として、カーズバーグはＩＡＳＣの事務総長として再び会計界の表舞台に顔を出してくるのだ。ＩＡＳＢの時代になると、トゥイーディーはＩＡＳＢの議長として、ウィッティントンはＩＡＳＢのリエゾン理事として時価会計の復権に奔走する。このときの時価会計は、あの悪夢のカレント・コスト会計（費用の時価会計）ではなくて、資産・負債を時価評価するものである。

カレント・コスト会計は棚卸資産も固定資産もすべて時価評価するという全面時価会計であったが、ねらいは、時価評価により売上原価も減価償却費も時価で計上することにある。資産の時価評価は費用を時価で（つまり、最も新しい市場価格を反映した金額で）計上するための手段であった。トゥイーディーやカーズバーグがＩＡＳＣとＩＡＳＢを通じて、金融商品だけではなくすべての資産と負債を時価評価することを目指してきたのは、ＣＣＡ時代の名誉回復をねらってのことであることは間違いない。

三〇年以上も昔に、絶頂期から奈落の底に叩き落された怨念と遺恨を、今、国際会計基準を舞台に晴らそうとする。トゥイーディーからしてみると、ＩＦＲＳの時価会計をＥＵ諸国だけに振りまくのでは気が済まない、三〇年前の遺恨と怨念を晴らすためには、世界中に時価会計の「菌」をばらまく必要がある。賢明な読者諸賢にはお気づきのように、ＩＦＲＳの時価会計は、理論の産物というよりは、「怨念と遺恨の産物」なのである。

しかも、自分たちが主導して世界中に「菌」をばらまいて、挙句は大失敗に終わった時価会計を、懲《こ》りもなく復活させようというのである。そんなことに気がつかない「学者もどき」「学者くずれ」がＩＦＲＳ礼賛、ＩＦＲＳ賛美の歌を歌っている。日本の経営者の皆さん、間もなくＩＦＲＳが消滅するかもしれないことを頭の片隅に置いておいていただきたい。

8　ＩＡＳＢの人脈

最後に、ＩＡＳＣとＩＡＳＢの人脈を紹介しよう。「国際」と名を冠した会計基準が、何のことはない、師弟関係にある時価主義狂信者集団によって、恩師の遺恨晴らしのために決められてきたのだ。トゥイーディーは、エディンバラ大学卒で、博士号（PhD）もエディンバラ大学で取得している。エディンバラ大学には時価主義者のスタンプがいた。

カーズバーグがマンチェスター大学で教えていたときの弟子が、ＩＡＳＢ理事からＦＡＳＢに送り込まれたハーズＦＡＳＢ前議長であった。ハーズは師であるカーズバーグの言うとおりに行動していると言われていた。このように、ＩＡＳＣもＩＡＳＢも、師弟関係で強く結ばれた時価主義者の集まりであったのだ。

ＩＡＳＣが、そしてＩＡＳＢが全面時価会計に強くこだわる理由も、その全面時価会計をＩＦＲＳを通して世界中に押し付けようとする理由も、ここにあるとみてよいであろう。要するに、ＩＦＲＳの全面時価会計も世界統一会計基準構想も、トゥイーディーたちの遺恨晴らしなのである。そうした事情を知れば、ＩＡＳＢがアメリカのごり押しや無理難題を飲み込んでもアメリカにＩＦＲＳを採用させようとしてアメリカにすり寄る動きがよく理解できるであろう。

ただし、幸いにも（時価主義者にとっては不幸にも）、ここで名を挙げた狂信的ともいえる時価主義者たちは、今ではＩＡＳＢからもＦＡＳＢからもリタイヤしている。トゥイーディーがＩＡＳＢ議長を辞めたのが二〇一一年六月であった。その直前の二〇一〇年一一月には、トゥイーディーと二人三脚でＩＦＲＳをリードしてきたＦＡＳＢのハーズ議長（カーズバーグの弟子）が二期目の任期を二年も残して、理由も明かさずに電撃的に辞任している。

そうしたことからすると、今後もＩＦＲＳの全面時価会計を強引に推進するパワーがＩＡＳＢに残っているかどうかはつまびらかではないが、全面時価会計の旗を振るリーダーを失ったことは間違いないであろう。

9　カーズバーグと私

実は、私はカーズバーグ教授の「弟子」にあたる。不肖の弟子であるが。私が初めてイギリスに留学したとき（一九八四－八五年）、ロンドン大学経済学部（ＬＳＥ）の受け入れ教授がカーズバーグであった。そのころ、ロンドン大学にはカーズバーグ教授とデブ教授がいたが、デブ教授は管理会計が専門で、しかも、その年、サバティカルを取っていた（サバティカルというのは、大学教員などに与えられる有給の長期休暇で、講義や教授会などは免除される。海外からの研究者も受け入れないのがふつうである）。

カーズバーグについては、ほとんど情報がなかった。何を研究しているのか、日本からの研究者を受け入れてくれるのか、まったく分からなかった。私が調べた限りでは、日本からの研究者を受け入れたという話も聞かなかった。それでも私は、ロンドン大学にいくことにこだわった。実に不謹慎であるが、ロンドンにテニスの聖地・ウインブルドンがあるからであった。ウインブルドンのテニス大会は、わずか二週間（通常、六月の最終週から二週間）である。これは、ぜひとも観戦したかった。それで、カーズバーグに手紙を書いたのである。カーズバーグから招聘状《しょうへい》（invitation letter）をいただいたときは、正直、うれしかった。これで、イギリスに、ロンドンに行ける。ウインブルドンを観戦できる……。

当時は、電子メールなどはなかったから、連絡・相談・通知はすべて郵便か電話である。手紙はいい。言いたいことをすべて書ける。面と向かっては言えないことも、鉄面皮に書ける。なぜ、そんなことをいうかといえば、カーズバーグの手紙に、「イギリス（ロンドン）で、どういう研究をしたいのか」と書いてあったので、正直に、「時価会計の問題点」とか「イギリス会計と日本の比較研究」とか書いてしまった。彼が熱狂的な時価主義者であることを知らなかったのである。それでも私を客員研究員（visiting scholar）として受け入れてくれたことは大いに感謝している。

その後、彼の研究室で何度か話をしたが、今度は面と向かってのことであるから、話題が時価会計のことに飛んだりすると、急にぎこちなくなってしまう。イギリスの会計学者で誰を知っているかといった話になったときに、エディンバラ大学のスタンプ教授の名前を挙げたら非常に不愉快な顔をされたのを覚えている。きっと、仲が悪いのだと思った。学説や見解の相違ということではない。二人ともガチガチの時価主義者であり、ともに政府の会計関係の顧問（アドバイザー）に就いていたのだから。

カーズバーグは、ロンドン大学を辞めて、一時、ブリテッシュ・テレコム（BT。日本でいえばＮＴＴ）の事務総長に就任し、そのあと、どういう経緯があったかは知らないが、ＩＡＳＣの事務総長を勤めた。私の知る限り、その職をリタイヤしたあと、国際会計の世界には顔を出していない。不肖の弟子は、学説を継がないだけではなく、クリスマス・カードも送っていないのだ。

10　日本の師弟関係

最後の最後に、日本の会計界のことを少し紹介しよう。日本と英米の違いが分かるかもしれない。日本の会計界は、健全なのか不健全なのか分からないが、恩師の会計思想とか会計観を引き継ぐといった奇特な学者は少ない。「師の影を踏まず」であれば、日本では何を研究しようが、何を主張しようが構わないことが多い。「師の影」とは、恩師の研究領域のことである。日本では、弟子にとって恩師の研究領域は「アンタッチャブル」の場合が多い。自分と同じ研究領域で、自分より優れた業績を上げる弟子が出てきては困るということであろうか。

一番分かりやすい話が、テキストである。恩師が簿記や会計学の教科書を書いていれば、弟子はそれを自分の大学で使うテキストとして採用する。恩師にとっては収入源である。弟子を全国の大学、特に学生の多い私立大学に就職させていれば、教科書の印税はボーナスどころではない。だから、教科書を書いた教員は、弟子を大事にする。ただし、自著をテキストとして使っている弟子だけであるが。

しかし、師匠が教科書を出していても、自分も教科書を書きたいと考える弟子がいてもおかしくはない。世の中の人は、「書きたければ書けばいいではないか」「書けるなら書いたらいい」と考えるようであるが、それがそれほど単純・簡単ではないのだ。弟子が「売れる教科書」などを書こうものなら、師匠の本はそれだけ売れなくなり、印税という収入も減る。だから、一部のお師匠さんは、弟子が教科書を書くことを極端に嫌う。

師匠は、弟子が教科書を書かないように、いろいろ頭を使うらしい。自分の威光が効く出版社には、弟子の本を出させることを禁止したり、数年後に自分と一緒に教科書を書こうと誘って、弟子が一人で本を出すことを遠回しに邪魔したり、権謀術数の世界である。だから、比較的若い教員が会計の教科書を書いたとなれば、「恩師から破門」か「恩師を破門（逆破門）」のことが多い。

恩師の逆鱗に触れないためには、恩師が教科書を持っているときは、表現は悪いが、「恩師が死ぬまで教科書は書かない」ことが大事である。そこらあたりをわきまえていれば、もともと指導教授の研究領域が狭い場合が多いから、弟子は好きなことが書ける。日本は、若い会計学者にとっては大きな自由があって、のびのびと仕事ができる。そうした環境をうまく利用しないとすれば、学者の怠慢としかいいようがない。今は、それは問わないことにしよう。

あとがき

最後までお読みくださり、ありがとうございます。お読みいただきながら、ご納得いただけないところも、反論したいとお考えのところも、もっと詳しく知りたいと思われたところもあったかと思います。少し過激に書いたところもありますので、反感や不快感を覚えたところもあると思います。道産子の私には、「オブラートで包んで遠回しに言う」という芸当ができないのです。どうかお許しください。

長々と、いろいろ書いてきましたが、本書で皆様にお伝えしたかったことは、次のことでした。

一つは、グローバリズムの崩壊とナショナリズムへの回帰です。アメリカのトランプ大統領の動きも、イギリスのEUからの離脱も、行き過ぎたグローバリズムの弊害に気づきナショナリズムへ回帰しようというものです。トランプ大統領の発言や行動は極端ですが、アメリカの国益と国民の生活を護ろうとする点では、政治家として当然のことをしているのです。フランスもドイツも中国も、どこの国も、自国ファーストなのです。「他国ファースト」の国など、あるわけがありません。

ＩＦＲＳは、グローバリズムの申し子で、強いものが弱いものを食い尽くすための手段なのです。今、各国が自国の国民・国益を護るためには、企業売買のＩＦＲＳではなく、中長期の視点に立った会計基準が必要なのです。

もう一つ言いたかったことは、ＩＦＲＳは欧州連合（ＥＵ）のための会計基準として開発されてきたということです。ＥＵ諸国で「資本市場において資金を調達するための会計基準」を作ることができるのはイギリス（だけ）でした。そのため、ＩＦＲＳにはイギリスの会計観（原則主義、資産負債アプローチ、実質優先主義、離脱規定）が色濃く流れています。

わが国は、この四つの会計思考にはなじみがありませんから、どういう役割があるのかも、なぜ必要なのかも分かりません（読者の皆さんは、第3章と第4章でご理解いただいたと思います）。イギリス以外のＥＵ諸国はもとより、ＩＦＲＳを採用しているという大多数の国々にとってもこの四つの会計思考はなじみがなくよく分からないのです。

そのイギリスがＥＵから離脱するのです。イギリスがＥＵから離脱すれば、ＥＵ（特に、ドイツとフランス）は、イギリスを頼らず、独力でＥＵの会計基準を作ろうとするかもしれません。しかし、ドイツとフランスではまるで会計観（会計哲学）が違いますし、そのうえ、両国とも（イギリスが作った）ＩＦＲＳが大っ嫌いですから、ＩＦＲＳから「離脱」するかもしれません。ＩＦＲＳという名称がイギリスの会計基準（ＦＲＳ）に国際のＩを付けたものだということを思い出してください。イギリスがＥＵから出て行けば、ドイツもフランスも嬉々としてＩＦＲＳを放棄するのではないでしょうか。

イギリスはＥＵから離脱するのですから、今後はＥＵの会計基準（ＩＦＲＳ）を使うことはないと思います。そうなると、イギリスを盟主とするコモンウェルス諸国（五〇数か国）も使わなくなるでしょう。ＩＦＲＳ採用国は、これで一気に半減します。

イギリスには資本市場向けの会計基準を設定してきた長い歴史と経験がありますから、ＥＵを離脱した後は、コモンウェルス諸国とともに自分たちの会計基準を作るのではないでしょうか。

そうなったとき、日本はどうしたらよいでしょうか。ＩＦＲＳを使い続けようとしても、間もなくＩＦＲＳは消滅するのです。形の上では、しばらくはＩＦＲＳも残るでしょう。しかし、ＩＡＳＢの資金が枯渇すれば、「金の切れ目が縁の切れ目」になることは明らかです。

すでにＩＦＲＳを採用してしまった会社は、日本基準に戻る準備を始めたほうがいいかもしれません。

ＩＦＲＳの採用を考えている会社の皆さん、ちょっと「足踏み」して、様子を見ませんか。それが「賢者の選択」だと思います。

企業会計基準委員会（ＡＳＢＪ）は、二〇〇〇年以降、「会計基準の国際化」を錦の御旗にアメリカ会計基準とＩＦＲＳを取り込んできましたが、その結果、日本の基準が短期志向の、企業売買のための会計基準に変質してしまいました。今の日本基準では、中長期の視点に立った経営はできません。財務諸表から経営成績が読めなくなったのです。

これからのＡＳＢＪの仕事は、自ら描いた蜃気楼の夢から覚醒して、「企業会計原則」のスピリッツに立ち戻ることではないでしょうか。本書では詳しいことは書けませんでした。拙著『会計学はどこで道を間違えたのか』（税務経理協会、二〇一三年）の中で、「日本はいかなる会計を目指すべきか」を書きましたので、ご参照ください（第2章と第3章）。そこでは、「経営者の実感と社会通念に合った会計観」と「物づくりに適した会計」を提唱しています。

もともと日本の会計基準のどこが悪かったのでしょうか。日本の「健全な会計」を捨ててＩＦＲＳにすり寄りましたが、ＩＦＲＳのどこがよかったのでしょうか。

日本の会計界は、この点を明確にしないまま盲目的に「国際化」した結果、「経営努力」を軽視し「資産価格の上昇」を「経営成果」と誤解する会計に変質してしまいました。今の日本の会計基準もＩＦＲＳも、「経営者は要らない」と言っているのです。汗水流して、知恵を絞って、お客さんと従業員に満足を与えるといった「泥臭い」経営ではなく、Ｍ＆Ａを使って「企業解体利益」を稼ぎ出す「スマート」な投機ができるのであれば、ＡＩでもロボットでもいいのです。経営者の皆さん、それで満足ですか。

これまで時価会計とＩＦＲＳを批判する本を何冊も書きました。

『時価主義を考える』中央経済社、初版一九九八年、第二版一九九九年、第三版二〇〇二年

『時価会計不況』新潮社（新潮新書）、二〇〇三年
『不思議の国の会計学―アメリカと日本』税務経理協会、二〇〇四年
『複眼思考の会計学―国際会計基準は誰のものか―』税務経理協会、二〇一一年
『国際会計基準はどこへ行くのか』時事通信社、二〇一〇年
『ＩＦＲＳはこうなる―「連単分離」と「任意適用」へ』東洋経済新報社、二〇一二年
『国際会計基準の着地点―田中弘が語るＩＦＲＳの真相―』税務経理協会、二〇一二年
『会計学はどこで道を間違えたのか』税務経理協会、二〇一三年
『「書斎の会計学」は通用するか』税務経理協会、二〇一五年

ときどき、「田中は、批判ばっかりしている」とか「田中の批判は建設的じゃない」といった「批判」を頂戴します。拙著をお読みくださって、ご意見を頂戴するのは非常にうれしいことです。でも、ちょっとだけ、反論させてください。

「批判は学者の命」です。そこを批判されても言葉の返しようがありません。

「批判は学者の命」といっても、私は何でもかんでも反対というわけではありません。私が時

価主義とＩＦＲＳに反対してきたのは、これらが日本の「健全な会計（Sound Accounting）」を破壊するからです。「資産は原価で計上する」「収益は実現主義で計上する」という「原価・実現主義」を信条とする日本の伝統的な「健全な会計」を護りたいために時価会計やＩＦＲＳに反対してきたのです。私としては「建設的批判」だと思うのです。

こうした考えにご賛同いただける方々から、いろいろなご意見を頂戴できれば幸いです。田中の書いたことに反対の方、疑問があったり納得できなかった方々からのご意見も大歓迎です。おおいに議論したいと思います。

会計学者の皆さん、公認会計士の皆さん、そして経営者の皆さん、今こそ、声を上げていただきたいと思います。仲間内でいろいろな意見が飛び交っていることは承知しています。でも、今、必要なのは、外に向けての声、学者なら実務界と経済界・政治と行政の世界に向けての発信、実務家なら学界と経済界に向けての発信だと思います。経営者なら、東証に、証券会社に、金融庁に、監査法人に、「なぜ日本基準ではだめなのか」を訊いてみませんか。

参考文献

池田健一『IFRS対応　はじめて学ぶ国際会計論』同文舘、二〇一八年
石川純治『揺れる現代会計―ハイブリッド構造とその矛盾』日本評論社、二〇一四年
石川純治『基礎学問としての会計学　構造・歴史・方法』中央経済社、二〇一八年
伊藤邦雄『新・現代会計入門（第三版）』日本経済新聞出版社、二〇一八年
牛島　信『この時代を生き抜くために』幻冬舎、二〇一一年
牛島　信『名経営者との対話　コーポレートガバメントの実践と理論』日経BP社、二〇一七年
江藤　学「標準のビジネスインパクト」一橋大学イノベーション研究センター編『一橋ビジネスレビュー』二〇〇九年WIN
大下勇二『連単分離の会計システム　フランスにおける二つの会計標準化』法政大学出版局、二〇一八年
大日方　隆『利益率の持続性と平均回帰』中央経済社、二〇一三年
加藤秀樹「ルールは何のためにあるのか」『ビジネス法務』二〇一〇年五月
菊池英博『そして、日本の富は略奪される　アメリカが仕掛けた新自由主義の正体』ダイヤモン

ド社、二〇一四年
菊池英博『新自由主義の自滅　日本・アメリカ・韓国』文春新書、二〇一五年
木村正人『EU崩壊』新潮新書、二〇一三年
許斐義信『競争力強化の戦略　日本企業の生き残りを賭けた闘いが始まる!』PHP研究所、二〇一〇年
佐伯啓思『さらば、資本主義』新潮新書、二〇一五年
佐伯啓思「立ちすくむ現代　No・14」『ウエッジ』二〇〇九年八月
斎藤静樹「企業会計基準委員会の六年間を振り返って」『季刊　会計基準』税務研究会、二〇〇七年六月
杉田弘毅『「ポスト・グローバル時代」の地政学』新潮社（新潮選書）、二〇一七年
関岡英之『拒否できない日本―アメリカの日本改造が進んでいる』文春新書、二〇〇四年
染谷恭次郎「インターナショナル・アカウンティングへの挑戦」『企業会計』一九六七年二月号（第一九巻第二号）
染谷恭次郎（編著）『国際会計論』東洋経済新報社、一九八四年
武田隆二『最新財務諸表論（第一一版）』中央経済社、二〇〇八年
田中　弘「商法・企業会計原則における離脱規定」『會計』一九八六年一〇月（第一三〇巻第四

号）
田中　弘『イギリスの会計基準　形成と課題』中央経済社、一九九一年
田中　弘（編著）『取得原価主義会計論』中央経済社、一九九八年
田中　弘『会計学の座標軸』税務経理協会、二〇〇一年
田中　弘『時価会計不況』新潮社（新潮新書）、二〇〇三年
田中　弘『国際会計基準はどこへ行くのか―足踏みする米国・不協和音の欧州・先走る日本』時事通信社、二〇一〇年
田中　弘『複眼思考の会計学―国際会計基準は誰のものか』税務経理協会、二〇一一年
田中　弘『ＩＦＲＳはこうなる―「連単分離」と「任意適用」へ』東洋経済新報社、二〇一二年
田中　弘『国際会計基準の着地点―田中　弘が語るＩＦＲＳの真相』税務経理協会、二〇一二年
田中　弘「誰がＩＦＲＳ導入を歓迎しているのか」『金融財政ビジネス』時事通信社、二〇一二年一二月一七日号
田中　弘『会計学はどこで道を間違えたのか』税務経理協会、二〇一三年
田中　弘『新財務諸表論（第五版）』税務経理協会、二〇一五年

田中　弘『GDPも純利益も悪徳で栄える――「賢者の会計学」と「愚者の会計学」』税務経理協会、二〇一六年
田中　弘「国際会計基準、消滅の危機　英EU離脱であるじ失う」『金融財政ビジネス』時事通信社、二〇一六年九月一五日号
田中　弘「会計グローバリズムの終焉　経済も会計もナショナリズムへ回帰」『金融財政ビジネス』時事通信社、二〇一七年三月二日
田中　弘「国際標準は何のため？　英EU離脱でIFRS採用国が半減か」『金融財政ビジネス』時事通信社、二〇一八年二月八日
田中　弘「会計基準はストライクゾーンか　ルール至上主義の落とし穴」『金融財政ビジネス』時事通信社、二〇一八年六月一一日
田中　弘「利益はいつ誕生するのか　『捕らぬタヌキの……』とならないために」『金融財政ビジネス』時事通信社、二〇一八年一〇月一〇日
田中　弘「IFRSの拡大と会計の変質①―⑧（やさしい経済学）」日本経済新聞、二〇一八年九月二五日―二八日、一〇月一日―四日
田村賢司『マネー動乱　市場を破壊する激流』日本経済新聞社、二〇〇八年
茶野道夫「岐路に立つEU　反エリート感情台頭『欧州合衆国』実現は」『金融財政ビジネス』

時事通信社、二〇一六年九月五日号
辻山栄子（編著）『財務会計の理論と制度』中央経済社、二〇一八年
辻山栄子（編著）『ＩＦＲＳの会計思考　過去・現在そして未来への展望』中央経済社、二〇一五年
ビル・トッテン『アングロサクソン資本主義の正体』東洋経済新報社、二〇一〇年
エマニュエル・トッド『グローバリズム以後　アメリカ帝国の失墜と日本の運命』朝日新聞出版（朝日新書）、二〇一六年
エマニュエル・トッド、堀　茂樹訳『問題は英国ではない、ＥＵなのだ　二一世紀の新・国家論』文藝春秋（文春新書）、二〇一六年
エマニュエル・トッドほか『世界の未来　ギャンブル化する民主主義、帝国化する資本主義』朝日新聞出版（朝日新書）、二〇一八年
友岡　賛『会計と会計学のレーゾン・デートル』慶應義塾大学商学会商学研究叢書、二〇一八年
中野剛志『経済はナショナリズムで動く　国力の政治経済学』ＰＨＰ研究所、二〇〇八年
中野剛志『世界を戦争に導くグローバリズム』集英社（集英社新書）、二〇一四年
中野剛志『富国と強兵　地政経済学序説』東洋経済新報社、二〇一六年
中野剛志『恐慌の黙示録　資本主義は生き残ることができるのか』東洋経済新報社

中野剛志『国力論　経済ナショナリズムの系譜』以文社、二〇〇八年
中野剛志・柴山桂太『グローバリズム　その先の悲劇に備えよ』集英社（集英社文庫）、二〇一七年
原　丈人『「公益」資本主義　英米型資本主義の終焉』文藝春秋（文春新書）、二〇一七年
原田節雄「民間企業の事業戦略と国際標準化の現実―JR東日本のSuicaに見る事例」一橋大学イノベーション研究センター編『一橋ビジネスレビュー』二〇〇九年WIN
平川克美『グローバリズムという病』東洋経済新報社、二〇一四年
本郷孔洋『営業利益二割の経営』日本経営合理化協会、二〇〇六年
本郷孔洋『「会計的に見る！」技術』宝島社（宝島新書）、二〇〇八年
本郷孔洋『本郷孔洋の経営ノート　二〇一六　―常識の真逆は、ブルーオーシャン―』東峰書房、二〇一六年
本郷孔洋『本郷孔洋の経営ノート　二〇一七　―大航海時代のビジネスチャンス―』東峰書房、二〇一七年
本郷孔洋『本郷孔洋の経営ノート　二〇一八　―経営者に不可欠な、２つの眼―』東峰書房、二〇一八年
馬渕睦夫『「反グローバリズム」の逆襲が始まった』悟空出版、二〇一八年

丸山俊一＋NHK「欲望の資本主義」製作班『欲望の資本主義　ルールが変わる時』東洋経済新報社、二〇一七年
丸山俊一＋NHK「欲望の資本主義」製作班『欲望の資本主義２　闇の力が目覚める時』東洋経済新報社、二〇一八年
神谷秀樹『強欲資本主義　ウォール街の自爆』文藝春秋（文春文庫）、二〇〇八年
向　伊知郎『ベーシック国際会計』中央経済社、二〇一六年
村上陽一郎『科学の現在を問う』講談社（現代新書）、二〇〇〇年
村上陽一郎『人間にとって科学とは何か』新潮社（新潮選書）、二〇一〇年
弥永真生「揺れるＥＵ単一市場と会計規制」『企業会計』、二〇一七年八月
山桝忠恕『アメリカ財務会計』中央経済社、一九五三年
渡邊　泉『会計学の誕生―複式簿記が変えた世界』岩波書店（岩波新書）、二〇一七年
『二〇一四　国際財務報告基準』中央経済社
"Accounting : A crisis over fuller disclosure", *Business Week*, 22 April 1972, p.55.
Amy Austin, "Government signals support for FRC and IFRS post-Brexit", 14 Jun 2018. (https://www.accountancydaily.co/government-signals-support-frc-and-ifrs-post-brexit)
George A. Akerlof and Robert J. Shiller, *PHISHING FOR PHOOLS : The Economics of*

Manipulation and Deception, Princeton University Press, 2015. ジョージ・A・アカロフ／ロバート・J・シラー、山形浩生訳『不道徳な見えざる手　自由市場は人間の弱みにつけ込む』東洋経済新報社、二〇一七年

Stephen Bouvier, “Brexit threat to international accounting standards convergence”, 18 October 2017. (https://www.ipe.com/pensions/pensions/pensions-accounting/brexit-threat-to-international-accounting-standarads)

Roger Bootle, *THE TROUBLE WITH EUROPE : Why The EU Isn't Working-How It Can Be Reformed-What Could Take Its Place*, 2014, 2015. ロジャー・ブートル、町田敦夫訳『欧州解体　ドイツ一極支配の恐怖』東洋経済新報社、二〇一五年

Ian Bremmer, *US VS. THEM : THE FAILURE OF GLOBARISM*, 2018. イアン・ブレマー、奥村準訳『対立の世紀　グローバリズムの破綻』日本経済新聞出版社、二〇一八年

Pascal Bruckner, *The Wisdom of Money* (*LA SAGESSE DE L'ARGENT*), 2016. パスカル・ブリュックネール、山形浩生・森本正史訳『お金の叡智』かんき出版、二〇一八年

Daniel Cohen, *LE MONDE EST CLOS ET LE DESIE INFINI*, 2015. ダニエル・コーエン、林昌宏訳『経済成長という呪い　欲望と進歩の人類史』東洋経済新報社、二〇一七年

Committee on International Accounting, *International Dimensions of Accounting in the*

Curriculum, American Accounting Association, 1966.

Jared Diamond, *The World Until Yesterday : What Can We Learn from Traditional Societies?*, 2012. ジャレド・ダイアモンド、倉骨　彰訳『昨日までの世界　文明の源流と人類の未来（上）（下）』日経ビジネス文庫、二〇一七年

Jared Diamond, *COLLAPSE How Societies Choose to Fail or Succeed*, 2005. ジャレド・ダイアモンド、楡井浩一訳『文明崩壊　滅亡と存続の命運を分けるもの』草思社、二〇〇五年、草思社文庫（上）（下）、二〇一二年

Robert J. Gordon, *THE RISE AND FALL OF AMERICAN GROWTH : THE U. S. STANDARD OF LIVING SINCE THE CIVIL WAR*, PRINCETON UNIVERSITY PRESS, 2016. ロバート・J・ゴードン、高遠裕子・山岡由美訳『アメリカ経済　成長の終焉（上）（下）』日経ＢＰ社、二〇一八年

John R. Hicks, *Value and Capital An Inquiry into some fundamental principles of economic theory*, The Clarendon Press in the University of Oxford, 1939. 安井琢磨・熊谷尚夫訳『価値と資本（１）（２）』岩波現代叢書、一九五一年（岩波文庫、一九九五年）

ICAEW publication on the financial reporting of Brexit, 29 Sep 2017, (https://www.iasplus.com/en-gb/news/2017/09/icaew-brexit)

Impact of Brexit on financial reporting, 11 Dec 2017, Baruch Lev and Feng Gu, *The End of Accounting and The Path Forward for Investors and Managers*, 2016. バルーク・レブ+フェン・グー、伊藤邦雄監訳『会計の再生　二一世紀の投資家・経営者のための対話革命』中央経済社、二〇一八年

Marco Mongiello (interview), "The Future of IFRS in Europe–A change of direction ahead?", 20 February 2017. (https://www.rsm.global/insights/ifrs-news/future-ifrs-europe-change-direction-ahead)

Robert B. Reich, *SAVING CAPITALISM*, 2015. ロバート・B・ライシュ、雨宮寛・今井章子訳『最後の資本主義』東洋経済新報社、二〇一六年

Kate Raworth, *DOUGHNUT ECONOMICS Seven Ways to Think Like a 21th-Century Economist*, ケイト・ラワース、黒輪篤嗣訳『ドーナツ経済学が世界を救う　人類と地球のためのパラダイムシフト』河出書房新社、二〇一八年

Jacques Peretti, *DONE : THE SECRET DEALS THAT ARE CHANGING OUR WORLD*, 2017. ジャック・ペレッティ、関美和訳『世界を変えた一四の密約』文藝春秋、二〇一八年

D. Tweedie & G. Whittington "*The Debate on Inflation Accounting*" Cambridge University Press, 1984.

(https://www.aatcomment.org.uk/impact-of-brexit-on-financial-reporting/)
Anna Napier, “How Will Brexit affect the IFRS 9/CECL implementation?”,
(https://www.linkedin.com/pulse/how-brexit-affect-ifrs- 9-implementation-dr-anna-napier)
David Wood and Amy Hutchinson, “What does Brexit mean for IFRS?, 24 January 2017”.
(https://www.icas.com/technical-resources/what-brexit-means-for-ifrs)

著者プロフィール

田　中　　弘（たなか　ひろし）

神奈川大学名誉教授・博士（商学）（早稲田大学）

早稲田大学商学部を卒業後，同大学大学院で会計学を学ぶ。貧乏で，ガリガリに瘦《や》せていました。博士課程を修了後，愛知学院大学商学部講師・助教授・教授。この間に，学生と一緒に，スキー，テニス，ゴルフ，フィッシングを覚えました。

1993年－2014年神奈川大学経済学部教授。

2000年－2001年ロンドン大学（LSE）客員教授。

公認会計士２次試験委員，大蔵省保険経理フォローアップ研究会座長，
郵政省簡易保険経理研究会座長，保険審議会法制懇談会委員などを歴任。

一般財団法人経営戦略研究財団　理事長
一般財団法人日本ビジネス技能検定協会　会長
辻・本郷税理士法人　顧問
日本生命保険相互会社　社友
ホッカンホールディングス（株）　社外取締役
英国国立ウェールズ大学経営大学院（東京校）教授
日本アクチュアリー会　客員
一般社団法人中小企業経営経理研究所　所長

連絡先　Eメール　akanat@mpd.biglobe.ne.jp

最近の主な著書

『伸びる会社のチエ袋』税務経理協会，2018年
『GDPも純利益も悪徳で栄える──「賢者の会計学」と「愚者の会計学」』税務経理協会，2016年
『「書斎の会計学」は通用するか』税務経理協会，2015年
『新財務諸表論（第５版）』税務経理協会，2015年
『財務諸表論の考え方──会計基準の背景と論点』税務経理協会，2015年
『会計学はどこで道を間違えたのか』税務経理協会，2013年
『国際会計基準の着地点──田中弘が語るIFRSの真相』税務経理協会，2012年
『IFRSはこうなる──「連単分離」と「任意適用」へ』東洋経済新報社，2012年
『経営分析──監査役のための「わが社の健康診断」』税務経理協会，2012年
『会計と監査の世界──監査役になったら最初に読む会計学入門』税務経理協会，2011年
『複眼思考の会計学－国際会計基準は誰のものか』税務経理協会，2011年
『国際会計基準はどこへ行くのか』時事通信社，2010年
『会計データの読み方・活かし方──現代会計学入門』中央経済社，2010年
『会計学を学ぶ－経済常識としての会計学入門』（共著）税務経理協会，2008年
『不思議の国の会計学－アメリカと日本』税務経理協会，2004年
『時価会計不況』新潮社（新潮新書），2003年
『原点復帰の会計学－通説を読み直す（第二版）』税務経理協会，2002年
『会計学の座標軸』税務経理協会，2001年

著者との契約により検印省略

平成31年4月10日　初版第1刷発行

会計グローバリズムの崩壊
―国際会計基準が消える日―

著　者　田　中　　弘
発行者　大　坪　克　行
印刷所　税経印刷株式会社
製本所　牧製本印刷株式会社

発行所　〒161-0033 東京都新宿区下落合2丁目5番13号　株式会社 税務経理協会
振替 00190-2-187408　電話 (03)3953-3301（編集部）
FAX (03)3565-3391　(03)3953-3325（営業部）
URL http://www.zeikei.co.jp/
乱丁・落丁の場合は，お取替えいたします。

ISBN978-4-419-06584-3 C3034